Hansjörg Falz, MERIAN-Chefredakteur

Liebe Leserin, lieber Leser,

die frisch gewonnene Mobilität mit meinem ersten Auto, einem »lofotengrünen« Audi 50, nutzte ich ab und zu, um an den einen oder anderen See in Nordhessen zu fahren. Nicht zum Schwimmen, sondern wie man heute sagen würde: zum Chillen. Dauerhaft erste Wahl war der Edersee, der in der Kaiserzeit durch den Bau einer gigantischen Staumauer entstand. Er liegt mitten im fantastischen Nationalpark Kellerwald, der im Sommer 2011 zum Weltnaturerbe der UNESCO ernannt worden ist. Warum ich dies erzähle? Weil viel zu oft »Deutschland am Wasser« allein mit der Nord- und Ostsee verbunden wird – und das ist in höchstem Maße unfair. Für mich sind es die Seen- und Flusslandschaften, die unserer Heimat ihr markantes Gesicht geben und die hoffentlich im Zuge des aktuellen, individuellen Reiseverhaltens (lieber klein und fein, und damit sicher, als fern und voll) die Aufmerksamkeit erlangen, die ihnen gebührt. Auf der Peene, einem noch fast unberührten Fluss, paddelte für diese Ausgabe Florian Sanktjohanser. Fotografiert hat ihn Nora Bibel. Überhaupt ist die Themenauswahl in diesem Heft motiviert durch sehr persönliche Erlebnisse der Kolleginnen und Kollegen, die schildern, wie sie ihre liebsten Aktivitäten auf, in und am Wasser für sich entdeckt haben. Vom Angeln, übers Segeln, Stand-up-Paddeln bis hin zum Wild Swimming. Wo es schnuckelige Tiny Houses, Hausboote, Leuchttürme und Strandschlafkörbe in Deutschland am Wasser zu mieten gibt, erfahren Sie ab S. 42.

Herzlich Ihr

Seit 2018 zweimal als Sonderheft und zweimal im regulären Programm: Deutschland neu entdecken

 Der MERIAN-Podcast nimmt Sie mit auf Wochenendtrips in Deutschland: Reiseinspiration zum Hören auf merian.de und bei allen gängigen Anbietern.

Folgen Sie uns auf merian.magazin bei Instagram. Oder begleiten Sie uns auf Facebook.

Readly Beim digitalen Zeitschriftenkiosk Readly können Sie diese und andere MERIAN-Ausgaben auf dem Tablet oder Smartphone lesen.

68

Duisburg leuchtet: Der Innenhafen
mit Blick auf den fensterlosen
Klinkerturm des Landesarchivs
Nordrhein-Westfalen (Bildmitte)

INHALT

90 Entdeckertour durch die Lausitz:
Der Oder-Neiße-Radweg führt am
Berzdorfer See vorbei

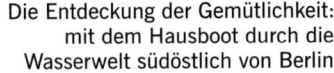

Die Entdeckung der Gemütlichkeit:
mit dem Hausboot durch die
Wasserwelt südöstlich von Berlin

Eine Perle an der Ostsee:
das Naturschutzgebiet
Graswarder in Heiligenhafen

Rosarote Abendstimmung: Dieses Farbspektakel fand bei Sonnenuntergang am Steinhuder Meer statt. Das Meer ist ein Binnensee, nordwestlich von Hannover

Nora Bibel lebt in Berlin und kennt sich auf den Gewässern dort gut aus. Für dieses Heft entdeckte sie die Peene in Mecklenburg-Vorpommern, hatte zwei Kameras und eine Drohne im Einsatz (Seite 112). Eine Drohne darf in der Region aber nur mit einer speziellen Genehmigung starten!

FOTOSCHULE NATURFOTOGRAFIE

Wie gelingen gute Fotos vom Kajak aus?

1. **Timing** Früh aufstehen und erst spät wieder anlegen, Morgen- und Abendlicht setzen die Natur am besten in Szene! Außerdem hat man so viel Ruhe und Zeit. Als ich an der Peene einmal um 4.30 Uhr morgens losfuhr, wurde ich von drei entspannten Bibern begrüßt.

2. **Zwei Kameras** Auf dem Wasser hat es mir geholfen, zwei Kameras mit zwei Zoomobjektiven dabeizuhaben und somit schnell und lautlos für alles vorbereitet zu sein. Für Biber nehme ich das 100-400-mm-Objektiv. Vögel sind schnell, erst ab 1/1000 Sekunde wird ein Flügelschlag wirklich scharf.

3. **Equipment** Wer tagelang auf dem Wasser paddelt, sollte die Kameras immer wasserfest verpacken können und trotzdem griffbereit haben. Dafür ist ein Canadier sehr zu empfehlen – am besten mit jemandem, der viel Geduld hat und gerne in der Natur meditiert!

FERNSPÄHER

Auf ihrer Hausboot-Tour im Dahme-Spree-Seengebiet wurde MERIAN-Redakteurin **Tinka Dippel** und ihrem Sohn das Geschehen am Ufer nie langweilig. So ging es auch dem Rest der Familie, einmal verlor die Crew einen Moment zu lange den Tiefenmesser aus dem Blick, beinahe wären sie auf Grund gelaufen. Warum sie wieder so ein Boot chartern würden: siehe Seite 104.

SCHATZFINDERIN

Der Hafenkran in der Hamburger Hafencity ist einer von vielen besonderen Übernachtungsorten, die MERIAN-Mitarbeiterin **Ricarda Müterthies** für dieses Heft recherchierte. Die groß angelegte Schatzsuche an Ufern in ganz Deutschland machte ihr gute Laune. Sie hat nun Ideen für zig Urlaube im eigenen Land – die sie ab Seite 42 mit allen teilt.

GRENZRADLERIN

Auf ihrer Tour auf Deutschlands östlichstem Radweg, immer am Fluss Neiße entlang, traf MERIAN-Autorin **Pia Volk** häufig auf Grenzpfosten in den Farben der deutschen Flagge. Einen Tag lang war sie an der deutsch-polnischen Grenze unterwegs, gefühlt war es eine Zeitreise (Seite 90).

Inspiriert.
Seit Urzeiten.

Über Stadt und Stein

Radurlaub auf der Alb

AlbCard

schwaebischealb.de

© Dennis Straßmann

Tiefenrausch im See

Mangels gewachsener Unterwasserwelt versenkte man im
Kreidesee Hemmoor eine Collage aus Fahr- und Flugzeugen –
und schuf eines der beliebtesten Tauchreviere des Landes

Mit viel Aufwand als
Taucher-Attraktion im
Kreidesee versenkt:
Flugzeuge, Lkw, Autos

Wer vom Tauchen träumt, mag an bunte Korallenriffe, schwebende Rochen und schimmernde Fischschwärme denken, doch die kommen hierzulande nur in Aquarien vor. Deutsche Tauchreviere gibt es wohl, sie entsprechen nur nicht dem Klischee, und eines der beliebtesten ist der Kreidesee Hemmoor, der zwischen Stade und Cuxhaven liegt. Entstanden ist er, als Mitte der achtziger Jahre der einstige Kreide-Abbau einer Zementfabrik geflutet wurde und Förderbänder, Rampen und Gebäude Teil einer Unterwasserwelt wurden. Durch die Kreide ist der 33 Hektar große und bis zu 60 Meter tiefe See ungewöhnlich klar und hell, das sprach sich unter Tauchern herum. Und der Betreiber der örtlichen Tauchbasis erweiterte die Unterwasserwelt, versenkte Autos, Lkw, Wohnwagen, ein Segelboot, einen riesigen Plastikhai und Flugzeuge. Die etwas skurrile Kulisse wirkt, Tausende Taucher kommen teils von weit her, Ferienhäuser und ein Campingplatz sind entstanden. Wer kein Taucher ist, den See aber erkunden möchte: Ein kleines U-Boot nimmt Passagiere ab zehn Jahren an Bord. kreideseetaucher.de

Warten auf die DJ-Stars

»SMS« bekommt an der Bleilochtalsperre im Süden Thüringens eine ganz neue Bedeutung, da steht es für »SonneMondSterne«, das Festival, das seit 1997 ein Sommerwochenende lang immer mehr Feiernde ans sandige Ufer brachte. DJ-Legenden wie Sven Väth, Paul Kalkbrenner und David Guetta waren dort Stammgäste, bis die Pandemie die Veranstalter zu einer zweijährigen Pause zwang – die Mitte August 2022 ein Ende haben soll.

sonnemondsterne.de

Eines der beliebtesten Festivals am Wasser: Das »SonneMondSterne« in Thüringen soll 2022 wieder stattfinden

KRISTALL AUS NORD- UND OSTSEE

Es dauert rund eine Woche, bis in der Kieler »Ostseesalzmanufaktur« aus 400 Litern Ostsee-Wasser rund sechs Kilogramm Salz geworden sind. Gutes Salz will auch in List auf Sylt Weile haben, wo in der »Genussmacherei« das Pendant aus Nordsee-Wasser entsteht. Dort kann man auch eine Führung buchen.

ostseesalzmanufaktur.de
sylter-genussmacherei.de

NORDSEEKRABBEN

Frisch vom Parkplatz

Vor Ort aus dem Wasser geholt und ganz frisch per Maschine gepult, so wünscht man sich Nordseekrabben – und so bekommt man sie leider nur selten. Es sei denn, man kauft bei »Urthel« in Friedrichskoog, dort schreibt man sich diese Vor-Ort-Frische auf die Fahnen. Die Krabben, die übrigens eigentlich zur Familie der Garnelen gehören, gibt's etwa am Urthel-Foodtruck auf dem Parkplatz der Seehundstation in Friedrichskoog.

urthel.de
seehundstation-friedrichskoog.de

3
Fragen an

Stefan Kruecken, der den Ankerherz Verlag leitet und einer großen Fangemeinde das Meer nach Hause bringt

MERIAN: Ihr Hoodie spricht für sich: Gedanklich am Meer sein, ist es das, was Sie bei anderen auslösen möchten?
STEFAN KRUECKEN Ja, das Meer bietet so viel, alle großen Themen unserer Zeit spielen dort – Klimawandel, Migration, Welthandel. Wir möchten die Menschen so oft es geht gedanklich ans Meer bringen, über unseren Blog, die Bücher, den Radiosender.
Was ist das für ein Sender?
Radio Ankerherz, wir senden täglich 24 Stunden Geschichten und Musik vom Meer – aus unserem Studio auf Helgoland.
Wer mal mit uns dorthin möchte: Wir organisieren auch Touren nach Helgoland, die »Spucktüten-Touren«.
Und wo gibt's diesen Hoodie?
In unserem Shop, der im Kern ein Buchverlag ist. Unsere Bücher und Produkte haben alle mit dem Meer zu tun. Wir sind kein Modeladen, wir möchten Denkanstöße geben, den Menschen das Meer näherbringen.
ankerherz.de
radioankerherz.de

BURG HÜLSHOFF

Ein Zuhause der Literatur

Vielleicht liegt es daran, dass es sie doppelt gibt – als jahrhundertealtes Gebäude und als Spiegelbild: Wasserburgen haben einen besonderen Reiz. Eine Fülle davon hat das Münsterland zu bieten, darunter die Burg Hülshoff, westlich von Münster, auf der Annette von Droste-Hülshoff (1797-1848) aufwuchs. Heute residiert hier eine nach ihr benannte Stiftung, die mit Workshops, Ausstellungen und einem Lyrik-Weg im Park an die Schriftstellerin erinnert. burg-huelshoff.de

Auf ewig an Rügens Karibikstrand: Prora ist so gut wie unabreiß- und endlich wieder bewohnbar

PRORA UND KEIN ENDE

Seebad sucht Bestimmung

Unendlich scheinen nicht nur die Ausmaße des einstigen Kraft-durch-Freude-Seebades der Nationalsozialisten auf Rügen. Unendlich ist auch die Geschichte von Prora, in der die Nationale Volksarmee der DDR, diverse Investoren und Kreative ihre Rolle hatten. Seit 2011 wird nun ein vergleichsweise kleiner Teil der Anlage als Jugendherberge genutzt, seit 2016 ein weiterer Teil als Luxusherberge namens »Prora Solitaire«.
jugendherberge.de, prora-solitaire.de

Wie Hansgrohe Innovation lebt und Wasser schützt

Hansgrohe kennt als Armaturen- und Brausenhersteller das Element Wasser seit 120 Jahren in- und auswendig. Und das Unternehmen weiß: Nur wer nachhaltig agiert, ist wegweisend und kann die ökologische Zukunft mitgestalten. Denn Wasserknappheit und Klimawandel sind Realität – umso wichtiger ist es, Verantwortung zu übernehmen und gleichzeitig Kunden darin zu unterstützen, Wasser und Energie mithilfe von innovativen Produkten zu sparen.

Als Hans Grohe 1901 in Schiltach/Schwarzwald seinen Betrieb gründete, war es seine Idee, die steigenden Bedürfnisse der Bevölkerung nach Hygiene und modernen Waschmöglichkeiten zu unterstützen. Seither entwickelt und produziert er Kopfbrausen – eine nachhaltige Alternative zur verschwenderischen Badewanne und ein Meilenstein in der Bad-Historie. Hans Grohe prägte mit seinen Innovationen die Duschkultur und den gesamten Markt: Die Handbrause mit Porzellangriff avancierte seit 1928 zur komfortablen Neuerung der Kopfbrausen – und noch mit 82 Jahren erfand er die Duschstange, die heute Standard in jedem Badezimmer ist. Gesellschaftliche, ökologische und wirtschaftliche Ziele in Einklang zu bringen – das trieb ihn an und bleibt der Motor, der das Unternehmen heute zu einer Green Company macht: Schon 2021 sollen die deutschen Standorte klimaneutral sein, 2022 alle Standorte weltweit.

Für Hansgrohe ist es ein untrennbarer Teil seiner grünen Verantwortung, seine Kunden darin zu unterstützen, die Umwelt zu schonen: Durch nachhaltige Produkte, die den Verzicht nicht spüren lassen. Mit dem Wassersparrechner können Kunden beispielsweise klimafreundliche und auf ihre Bedürfnisse zugeschnittene Brausen und Armaturen finden (hansgrohe.de/wassersparrechner). So drosselt die in Hansgrohe Waschtischarmaturen verbaute EcoSmart-Technologie den Wasserdurchfluss automatisch: bis zu 60 Prozent weniger Wasserverbrauch gegenüber herkömmlichen Produkten sind möglich. Auch die Energiekosten sinken, weil weniger Frischwasser aufgeheizt werden muss. Die CoolStart-Armaturen sorgen dafür, dass zunächst nur kaltes Wasser fließt und warmes erst dann, wenn es wirklich gebraucht wird – gegensätzlich zu Standardarmaturen, bei denen in Griff-Mittelstellung Durchlauferhitzer und Umwälzpumpe sofort anspringen. CoolStart ruft erst Energie ab, wenn man den Mischhebel aktiv nach links bewegt.

Mit seiner Selbstverpflichtung zur Nachhaltigkeit zeigt Hansgrohe, dass es in eine lebenswerte Zukunft investiert und dieser Antrieb Teil der Unternehmenskultur ist. Grün wird im Schwarzwälder Unternehmen großgeschrieben. Wer sein Bad und seine Küche nachhaltig einrichten möchte, findet eine große Auswahl an innovativen Produkten.

„Wir übernehmen als Unternehmen Verantwortung für Mensch, Region und Umwelt und haben dafür ein Nachhaltigkeitsprogramm aufgesetzt, das den Spirit der Gründerfamilie weiterträgt. Unser Ziel ist es, als Green Company ein klimaneutrales Unternehmen zu werden, d.h. inkl. unserer Produkte bis 2030", sagt der CEO der Hansgrohe SE, Hans Jürgen Kalmbach.

Ihr Weg zu nachhaltigen Hansgrohe Produkten:

- Probeduschen und bis zu 40 Duschsysteme und Brausen vergleichen in der Hansgrohe Showerworld in Schiltach: Kontakt und Terminvereinbarung über **aquademie@hansgrohe.com**

- The Water Studio: Inspiration, Erlebnis, Beratung im Hamburger Stilwerk. Kontakt und Terminvereinbarung über **waterstudio-hamburg@hansgrohe.de**

- Mehr Informationen zu 120 Jahre Hansgrohe: **hansgrohe-group.com**

150 JAHRE BRÜCKENBAU
Kunstvoll übers Wasser gehen

All diese Brücken erfüllen komplett unterschiedliche Funktionen, nur eines haben sie gemeinsam: Sie sind auch große Kunstwerke. Die **Rakotzbrücke (1)** im sächsischen Rhododendronpark Kromlau wurde ab 1863 aus Basalt erbaut. Am **Wasserstraßenkreuz Minden (2)** fließt der Mittellandkanal über die 13 Meter tiefer gelegene Weser. Auf mehr als 450 Metern überspannt die Hängeseilbrücke »Titan RT« die **Rappbodetalsperre (3)** im Harz. Auf der **Seebrücke Kellenhusen (4)** kann man 305 Meter über die Ostsee laufen. **Slinky Springs to Fame (5)** führt in Oberhausen teils in Schleifen über den Rhein-Herne-Kanal und ist insgesamt 406 Meter lang.

DAS KUNSTMUSEUM AUF FÖHR
Aus Liebe zum Meer

Das Meer und seine Küsten sind das Thema im »Museum der Westküste« auf Föhr. Gestiftet wurde es von einem Unternehmer, dessen Familie von der Nordseeinsel stammt. Schwerpunkt sind Gemälde aus den Nordsee-Anrainern wie »Badegäste am Scheveninger Strand« von Floris Arntzenius. Auch Edvard Munch und Gegenwartskünstler wie Gerhard Richter sind vertreten. mkdw.de

HENRY EICKEN

»Neue Blickwinkel zu suchen
und besondere Stimmungen
einzufangen«, sagt Henry
Eicken, das sei sein Antrieb
zum Fotografieren. Nicht fern
seines Wohnorts Lauenau bei
Hannover fotografierte er dieses Bild, das er »Waldbaden«
taufte. Und zwar im Deister,
einem bewaldeten Höhenzug
im östlichen Weserbergland.
»Nach tagelangem Dauerregen
hatte sich in einer Bodensenke
mit altem Buchenbestand ein
großer Tümpel gebildet, den ich
auf einer Wanderung entdeckte.
Die Idee zu diesem Bild kam
mir, als sich kurzzeitig die
Sonne durch die geschlossene
Wolkendecke sehen ließ und
diese Szenerie mit dem atmo-
sphärischen Licht und den sich
im Wasser spiegelnden hohen
Buchen entstehen ließ. Es war
faszinierend anzusehen, wie
sich die Baumkronen im Wasser
spiegelten.« Ein tolles Foto.

»Ein neuer Blickwinkel, um besondere
Stimmungen einzufangen.«

DAS SAGT DIE JURY

Violetta Bismor, MERIAN-Fotoredakteurin: »Manchmal benötigt es kein Programm und keine aufwendige Nachbearbeitung, um ein ungewöhnliches Motiv zu erstellen. Der Fotograf ist hier mit neugierigem Blick durch die Natur gewandert, und er war offen für neue Perspektiven und eine fast unwirkliche Szenerie. Blicken wir in die Tiefen eines Gewässers? Fallen Bäume vom Himmel? Während ich versuche, mich zu orientieren, bin ich schon längst eingesunken in die Faszination der Natur. Fotografie ist für mich somit immer auch ein Stück Magie.«

Vom Wind zerzaust lehnen sich diese Kiefern in
die Landschaft rund um den Leuchtturm Dornbusch,
das Wahrzeichen von Hiddensee. Die kleinste der
sechs bewohnten deutschen Ostseeinseln misst etwa
19 Quadratkilometer. 1000 Menschen leben dort, um
die 300 000 kommen jedes Jahr zu Besuch. Trotzdem
geht es, vor allem hier im Inselnorden, ruhig zu,
Hiddensee ist autofrei. Wer diesen Blick genießen
möchte, muss nur den 72 Meter hohen Bakenberg
besteigen, Hiddensees höchste Erhebung

EIN LAND MACHT BLAU

Deutsche reisen leidenschaftlich gerne durch die Welt, am allerliebsten aber machen wir Urlaub an heimischen Ufern: an Ost- oder Nordsee, einem der etwa 12 000 Seen oder 15 000 Flüsse in diesem Wasserwunderland

AUS DER SAALE WIRD EIN KLEINES MEER

Rund 60 Kilometer südöstlich von Erfurt liegt der Stausee
Hohenwarte, auch »Thüringer Meer« genannt. Er entstand ab
den 1930er Jahren durch die Errichtung einer Talsperre im
Thüringer Schiefergebirge, auf rund 27 Kilometern windet sich
die gestaute Saale hier seitdem durch malerische Täler. Schön
mittig und damit perfekt, um die menschengemachte
Naturschönheit zu überblicken, steht der Bockfelsen, gut zu
erwandern vom Ort Gössitz. Links im Bild, direkt am Ufer des
Hohenwarte-Stausees: der Campingplatz Hopfenmühle

INSELHOPPING IN GUMMISTIEFELN, HAUPTSTADT-TOUR IM HAUSBOOT

Im Nationalpark Wattenmeer, dem größten zwischen Nordkap und Sizilien, liegt das kleine Föhr. Bei Ebbe öffnet sich hier der Weg für eine absolut einmalige Wanderung: über den Meeresboden durch das Watt bis zur benachbarten Nordseeinsel Amrum. Im Berliner Hochsommer dagegen ist man froh, dass das kühle Nass nicht alle sechs Stunden verschwindet, und cruist etwa in einer miet-baren »Wasserkutsche« über die Spree bis zur Skulptur der »Molecule Men«

wasserkutsche.com

ALLES AUF GRÜN
FÜR EIN BAD IN DER OSTSEE

Wind, salzige Luft und ein teils mehr als 150 Jahre
langes Leben haben die Buchen, Eichen und Eschen
geformt, die in Nienhagen direkt am Strand aufragen.
»Gespensterwald« heißt das rund 13 Hektar große
Gebiet, »wo der Wind das Gras mäht«, wie man hier
in Nienhagen sagt. Das Ostseebad liegt nur einige
Kilometer westlich von Warnemünde, vom dortigen
Leuchtturm gelangt man bequem in einer guten halben
Stunde auf dem Küsten-Radweg E 9 zum Gespenster-
wald, wo man einen Badespot wie diesen finden kann

DIE KRAFT DES WASSERS:
IN DEN ALPEN LAUT UND WILD,
IN DER EIFEL GEBÄNDIGT

Über Millionen Jahre hat sich der Wildbach Partnach
durch die nach ihm benannte Klamm bei Garmisch-
Partenkirchen gegraben. Seit 1912 führt ein beliebter
Wanderweg durch die 700 Meter lange Partnachklamm,
zwischen den Felswänden kann es dort bis zu hundert
Dezibel laut werden. Sehr viel ruhiger geht es am
Urftstausee im Nationalpark Eifel zu. Direkt am Kaska-
denhang der 1905 eingeweihten Talsperre sitzt man
sehr schön im Ausflugslokal »Urfttalsperre«
urftseemauer.de

DAS DELTA IM SÜDOSTEN DES CHIEMSEES

Die Mündung der Tiroler Achen in den Chiemsee bildet eines
der größten Binnendeltas in Mitteleuropa – das im stetigen Fluss
seine Form ändert. Rund hundert LKW-Ladungen Kies und Sand
spült der Fluss täglich in den See und ringt ihm so jedes Jahr
etwa einen Hektar ab. Nun ist der Chiemsee noch 8000 Hektar
groß, in 8000 Jahren wird er, so die Prognose, verschwunden
sein. Bleibt also etwas Zeit, um das Delta bei einer der im Sommer
stattfindenden Bootsfahrten ab Übersee zu entdecken

IM NECKAR ZU STOCHERN, HAT IN TÜBINGEN TRADITION

Als eigenes Kulturgut gilt das Stocherkahnfahren in der Studentenstadt am Neckar. Einst waren Tübinger Fischer auf den Holzkähnen unterwegs, die nur mit einer Stange gesteuert werden, später feiernde Studenten. Heute kann jeder eine Fahrt buchen, Touren mit Weinprobe, Poesie oder Sektempfang werden angeboten – und wer möchte, kann sogar selbst ein »Diplom« im Stocherkahnfahren machen. Oder man setzt sich auf die alte Mauer am Neckar und genießt das Treiben auf dem Wasser, so wie es Städter überall im Land an Sommerabenden tun

Meine Seensucht

Wie sehr die Ufer ihrer Kindheit sie geprägt haben, wurde MERIAN-Redakteurin **Tinka Dippel** erst klar, als es zu spät und sie von Oberbayern gen Norden gezogen war. Nun steht sie manchmal ratlos an der Küste und sucht mit den Augen Halt am Horizont

Seen sind farbgewaltige Himmelsspiegel, gerahmt von einer Bergkulisse, Kirchlein und sattgrünen Ufern. Hölzerne Stege und halbschattige Biergärten gehören auch zur Grundausstattung. Und weit entfernt sind sie nie, die Seen, mit dieser oberbayerischen Gewissheit bin ich aufgewachsen. Als Kind fuhr ich im Sommer nach der Schule mit der S-Bahn nach Possenhofen, wo Kaiserin Sisi aufgewachsen ist, schlenderte durch ein Stück Wald zu einem öffentlichen Badegelände namens Paradies und badete im Starnberger See mit Blick auf die Alpenkette. Einer meiner liebsten Orte, um eine tennisschlägergroße Breze mit Obatzda zu essen, lag (und liegt noch heute) in Uffing am Nordufer des Staffelsees, wo die Berge noch ein Stück näher sind und man mit den Augen in Hunderten Blau-Schattierungen baden kann. Meine Großeltern wohnten am Tegernsee, eine meiner Tanten lebt am Bodensee, die andere hat einen Hof im Chiemgau, wo wir viele Sommernachmittage im nahe gelegenen Strandbad am Chiemsee verbrachten. Und wenn es reg-

nete und wir die Sammlung des »Blauen Reiter« im Lenbachhaus besuchten, dann begegneten mir die Landschaften rund um Staffel- und Kochelsee auch da, in den Bildern der Künstler des »Blauen Reiter«.

Meine Vorstellung von Fluss war geprägt durch einen überdimensionalen Gebirgsbach namens Isar, der in München noch nicht renaturiert war, aber südlich der Stadt damals wie heute an weißen Kiesbänken entlanggluckert, auf die ich mit meinen Freunden später kistenweise Augustiner trug und die Sommernächte feierte, solange man uns ließ. Und als Studentin startete ich in meine Sommertage, indem ich auf Rollerblades den Isarhang am Bayerischen Landtag hinunter- und über die Maximiliansbrücke rollte und dann am Ufer entlang Richtung Uni skatete.

Ja, ich verkläre und übertreibe das im Rückblick nicht zu knapp, was auch daran liegt, dass ich die Biergarten- und Bergegespickten Ufer meiner Kindheit und Jugend, die Zugänglichkeit eines Flusses und das Vorhandensein von Brücken viel zu selbstverständlich nahm.

WO ICH MEINE SEENSUCHT STILLE

Starnberger See **Steg 1**
Der Steg mit Blick auf die Berge ist das eine. Der gleichnamige Kiosk/ Beachclub, der dazu im Sommer wie im Winter Bier und Snacks ausgibt, die perfekte Ergänzung. Und ein SUP ausleihen kann man sich dort auch.
Pöcking-Possenhofen
Ferdinand-von-Miller-Straße
sup-starnbergersee.de

Staffelsee
Seerestaurant Alpenblick
Die Aussicht ist so grandios, die Berge sind so nah, da brauche ich zum Glück nur noch ein Bier und eine Breze (das kulinarische Angebot ist aber breiter).
Uffing, Kirchtalstr. 30
seerestaurant-alpenblick.de

Sonnenuntergang am Starnberger See: in Ambach, am
Steg des Wirtshauses »Zum Fischmeister« (oben).
Auen mit De-luxe-Panorama: an der Elbe in Dresden

Zwei nordische Schönheiten: der verwunschene
Schaalsee und das beliebte Segelrevier Rostock mit der
Kirche St. Petri links und St. Marien rechts

Ich verließ die jugendliche Dresden-Elbe für ihre kratzbürstige Hamburger Großmutter. Und wurde zum Ostsee-Typ – wenn schon Meer, dann bitte ein verbindliches, das sich nicht alle paar Stunden an den Horizont zurückzieht

Als ich zunächst nach Dresden zog, ahnte ich noch nicht, dass mein Schicksal damit besiegelt war, dass die Elbe mich nicht mehr loslassen würde. In Dresden ist sie ein jugendlicher Fluss, etwas mehr als 400 Kilometer weiter östlich im Siebengebirge entsprungen. Frisch und fröhlich fließt sie durch breite Auen, die kurz nach meiner Ankunft zum UNESCO-Welterbe ernannt wurden, es aber nicht lange blieben – dank des Baus der berühmt-berüchtigten Waldschlösschenbrücke. Aber diese Brücke gab es zu meiner Dresden-Zeit noch nicht, und ich war hin und weg von diesen innerstädtischen Auen, stöberte dort samstags auf dem Flohmarkt an der Albertbrücke, radelte dann entweder Richtung Westen zu den Weinhängen Radebeuls und Meißens oder Richtung Osten, an den drei Elbschlössern vorbei nach Blasewitz zur Brücke »Blaues Wunder«, wo ich im »Schiller Garten« meine Biergarten-Sehnsucht stillen konnte. Noch besser waren nur jene Wochenenden, an denen ich mit einem der Schiffe der »Weißen Flotte« ins Elbsandsteingebirge fuhr, wo mein liebster Gipfel der des Liliensteins ist.

Die Dresden-Elbe ist und bleibt einmalig und großartig für mich, auch wenn ich die Waldschlösschenbrücke, gelinde gesagt, keinen gelungenen Wurf finde. Dass die UNESCO da kein Auge zudrücken konnte, verstehe ich. Aber ich kann es, und doch verließ ich die jugendliche Elbe und folgte dem Ruf ihrer kratzbürstigen Großmutter nach Hamburg. Dort ist der Fluss breit und wuchtig und klatscht an die Landungsbrücken, ehe er sich dann zum großen Finale Richtung Nordsee davonmacht, immer ein paar Ozeanriesen im Gefolge, die mit nie nachlassender Begeisterung an der »Strandperle« in Altona oder der »Schiffsbegrüßungsanlage« in Wedel bestaunt werden. Wobei ich viel lieber von oben auf die Containerpötte gucke, vom Hirschpark in Nienstedten, wo man dazu auch die Flugzeuge bei Airbus im Blick hat.

Seit 18 Jahren lebe ich in Hamburg, wo es zwar angeblich mehr Brücken als in Venedig gibt, seit jeher aber in der Stadt nur eine nennenswerte über die Elbe – man nennt sie zwar »Elbbrücken« und ja, da kommen verschiedene Konstruktionen zusammen, aber es ist halt dann doch nur ein Übergang über den hier wirklich unüberwindbaren Fluss (in Dresden war das Durchschwimmen zumindest noch eine denkbare Option, hier würden einen Tide und Strömung mit Glück nur ins Nirvana treiben). So ist es immer das Gleiche: Wer durch Hamburg durchwill, muss sich entscheiden: über die Elbe, also dieses Brücken-Konglomerat, oder drunter durch, entweder oldschool mit dem Fahrrad durch den Alten Elbtunnel oder nervenaufreibend durch jenen Autobahn-Elbtunnel, der ganze Verkehrsredaktionen in Lohn und Brot hält.

All die Autos, die sich oft kilometerweit von Süd nach Nord da durchstauen, wollen an die Nord- oder Ostsee. Und das ist eine Entscheidung, vor der wir hier im Norden manchmal allwochenendlich stehen – wobei jeder irgendwann für sich entschieden hat, ob er oder sie grundsätzlich eher ein Nord- oder ein Ostsee-Typ ist. Bei mir fiel diese Entscheidung schnell: Ich präferiere Küsten mit etwas Drama, Küstenorte, die zumindest einen Hauch mondän sind, und ein verbindliches Meer, das sich nicht alle paar Stunden an den Horizont zurückzieht. Und ich mag Abwechslung. Meine Ostsee-Sehnsuchtsorte sind das autofreie Hiddensee, der Weststrand auf dem Darß, der Strand von Prora auf Rügen und – das habe ich vielen MERIAN-Recherchen zu verdanken – Rostock, eine der unterschätztesten Städte des Landes. Nicht nur wegen Warnemünde mit seinen Strandkörben und Fischbrötchenbuden, ich saß dort auch sehr gerne mitten in der Stadt am Ufer der Warnow und sah den Schiffen zu.

Weite-Gefühl auf mehr als zehn Kilometern: am Weststrand auf der Halbinsel Fischland-Darß-Zingst zwischen den Orten Ahrenshoop und Prerow

Mein aktueller Ostsee-Liebling ist Heiligenhafen, lange als Fehmarn-Vorposten gerne links liegen gelassen, in den letzten Jahren aber um diverse Hotels, maritimen Nippes, Cafés und eine 435 Meter lange »Erlebnis-Seebrücke« bereichert. Im letzten Herbst, als Corona so richtig Fahrt aufnahm, habe ich mich dort mit meinem Sohn nochmal fünf Tage durchpusten lassen, kein Mittags-Fischbrötchen und keinen Nachmittag auf der Seebrücke ausgelassen, stundenlang auf die Ostsee geblickt, die mal nach Zitronengelee, mal nach Karibik, dann nach schwarzer Tinte aussah. Immer wieder sind wir mit dem Fahrrad am immer selben Strand entlanggedüst, der im Ostsee-Licht nie der Gleiche war.

Ja, ich bin verwöhnt und habe hohe Erwartungen an jede Form von Gewässer und Küste. Und klar, das Licht ist auch an der Nordsee toll – Sylt, St. Peter-Ording, Norderney. Aber die endlose, Watt gewordene Ereignislosigkeit dort, das Halt suchende Umherwandern mit den Augen, die mit Glück einen Krabbenkutter am Horizont finden, all das macht mich spätestens nach einem Tag irgendwie nervös. Bezeichnenderweise ist mein liebster Ort an ihren kilometerlangen Deichen zugleich der größte: die Stadt Bremerhaven mit ihrem neuen Hafenviertel, in dem sich das Licht abends wunderbar spiegelt.

Ich habe mich so weit angefreundet mit dem Norden, und ich habe hier auch Seen gefunden, die ich mag: den Plöner See und den Großen Eutiner See in der Holsteinischen Schweiz etwa – einer Landschaft, die vom Namen her eher eine Produkttäuschung, ansonsten aber wirklich sehr schön ist. Und den verwunschenen Schaalsee, einen der tiefsten hier im Norden, dessen Ostufer einst im Grenzsperrgebiet lag.

Aber die Seensucht nach meinem oberbayerischen Idealbild ist bisweilen doch übermächtig. Kein Besuch bei meiner Familie in München, den ich nicht nutze, um zum »Steg 1« nach Possenhofen oder zum »Fischmeister« in Ambach zu fahren und im Sonnenuntergang die Lichtshow mit Alpenkette aufzusaugen. Im letzten Jahr habe ich mit meiner Familie sogar etwas gemacht, was mir zunächst seltsam erschien: Camping-Sommerurlaub in meiner bayerischen Heimat, am Forggensee, gar nicht weit von München entfernt. Jeden Morgen ging ich allein ans noch schlafende Ufer und schwamm wie süchtig im Wasser, das nach flüssigem Silber aussah, mit Blick auf die Berge.

Und das ist jetzt keine Übertreibung. Schön dick aufgetragen war sie, diese Kulisse, fast schon unwirklich – genau so, wie sie sein soll. ◾

Elf Kölsch.
Fünf Fremde.
Ein Abend,
der bleibt.

#inKöllezeHus

KölnTourismus

Köln M

Kamera am Ufer aufstellen, Timer einschalten, schnell ins Wasser springen – so fotografierte sich Ransmayr im bayerischen Obersee

» **ALS KÖNNTEST DU GLEICH EINER FEE DIE HAND SCHÜTTELN«**

So fühlt sich Hansjörg Ransmayr manchmal, wenn er mal wieder durch einen einsamen See krault. Aber auch in Flüsse, Wasserfälle und überflutete Steinbrüche springt der Wild-Swimming-Pionier und Buchautor – und hat Deutschland so auf dem Wasserweg erkundet

INTERVIEW **KALLE HARBERG**

MERIAN: Herr Ransmayr, Sie dürften einer der wenigen Menschen auf der Welt sein, der keinen Medaillen oder Rekorden nachjagen muss und dennoch vom Schwimmen leben kann. War das von Anfang an der Plan?
HANSJÖRG RANSMAYR: Nein, ich kann auch keine großen Brötchen backen mit meiner Schwimmerei, aber ich bin sehr zufrieden. 40 Jahre lang hatte ich einen Schreibtischjob, war Kreativdirektor in meiner eigenen Salzburger Werbeagentur, aber vor drei Jahren habe ich dann einfach gesagt: Ich will wieder mehr raus!

Waren Sie schon immer eine Wasserratte?
Als Junge habe ich mit meinen Eltern ein paar Sommer in einer wirklich einsamen Bucht auf der kroatischen Insel Cres verbracht. Wir mussten alle Lebensmittel in einem Schlauchboot dorthin fahren, waren jeden Tag tauchen, fischen, Muscheln sammeln. Zwei Monate haben wir da wirklich wie Robinson gelebt, und das hat mein Gefühl für Wasser sehr geprägt.

Heute sind Sie mit Ihren Büchern ein Wegbereiter des Wild Swimming überall in Europa. Was macht das Schwimmen in der Wildnis für Sie so spannend?
Die Becken der meisten Pools sind 25 Meter lang, Chlorgehalt, pH-Wert und Temperatur sind immer gleich. Wild Swimming ist dagegen immer anders. Selbst wenn ich jeden Tag im gleichen Gewässer schwimme, fühlt es sich immer unterschiedlich an. Die Temperaturen, der Laubeintrag, die Wasserhärte. Es ist ein sehr sinnliches Erlebnis.

Welche Sinne schärfen sich dabei denn?
Alle, es ist ein Ganzkörpererlebnis. Vielleicht kennen Sie den Film »Fräulein Smillas Gespür für Schnee« – wir Wild Swimmer haben etwas Ähnliches. Irgendwie entwickelt sich ein Sensorium dafür, dass sich jedes Wasser anders anfühlt. Mal ist es

mineralisch, mal moorig, mal hart und mal weich. Das Wasser zu spüren, das ist für mich das Schöne.

Wie hebt sich das Wild Swimming vom einfachen Bad in der Natur ab?
Im weitesten Sinne versteht man unter Wild Swimming unbeaufsichtigtes Schwimmen in unaufbereiteten Gewässern, meist natürlich entstandene, es können aber auch Stauseen und Teiche sein. Genau genommen unterscheiden wir nochmal zwischen Wild Dipping und Wild Swimming, obwohl der Übergang fließend ist. Wild Dipping findet in kleineren Pools oder Kehrwässern, zum Beispiel in einem Wildbach statt, und es geht um die eher kurze Kaltwasserexposition – speziell im Winter! Beim Wild Swimming kommt der Aspekt Strecke hinzu. Zielsetzungen wie das Traversieren eines Sees, die man sich selbst je nach Ambition und Ausdauer setzen kann, gehören dazu.

Als Österreicher sind Sie eigentlich eher an kristallklaren Bergseen zu Hause. Aber für Ihr Buch »Wild Swimming Deutschland« reisten Sie einen Sommer lang quer durchs Nachbarland, um die schönsten Spots zu finden. Waren Sie am Anfang skeptisch, was die Qualität der deutschen Wasserläufe angeht?
Ich war sogar sehr skeptisch! Man hat immer dieses Bild von Deutschland als Industrienation mit ihren vielen Großstädten im Kopf – wo es nicht viel gibt zum Schwimmen. Aber dann war ich begeistert, vor allem von der Vielfalt, die in Deutschland fast einzigartig ist.

Welche Orte haben Sie am meisten beeindruckt?
Die Nordsee hat mir wegen ihrer Wildheit sehr imponiert. Ebbe und Flut waren eine neue Erfahrung für mich – ein paar Mal habe ich mich statt zu schwimmen mit Wattwürmern vergnügen können, weil ich die Tide-

Hansjörg Ransmayr, geboren 1958 in Salzburg, ist Autor, Guide und Freiwasserschwimmer. Als erster Österreicher durchschwamm er die Straße von Gibraltar. Sein aktuelles Projekt sind die »Seven Highest Lakes«, die höchsten Bergseen aller sieben Kontinente, in zweien davon ist er schon geschwommen. Neben »Wild Swimming Deutschland« schrieb er Ratgeber zu den schönsten Spots in Italien, Frankreich, Kroatien, Slowenien und den Alpen. Als Guide bietet Ransmayr auch gemeinsame Wild-Swimming-Touren an. Mehr Infos über ihn auf alpine-swimming. com. Und zu seinen Touren: gtour-reisen. com/wild-swimming

Am Rande mancher deutschen Stadt liegen fast schon märchenhafte Gewässer: hier der Waldsee in Weimar

tabelle nicht beachtet habe. Dann die Bergwerkseen in Mitteldeutschland. In diesen Granitsteinbrüchen zu schwimmen, ist zwar an der Grenze zur Legalität, aber die Einheimischen springen eigentlich das ganze Jahr über hinein. Und die Kuhfluchtwasserfälle bei Garmisch-Partenkirchen sind einer der spektakulärsten Wasserfälle Europas. Das Schwimmen in Wasserfällen ist sowieso eine meiner großen Lieben. Man muss wissen, was man tut, aber dann ist es mit den Perlen, die einen massieren, als würde man in Mineralwasser schwimmen.

Wer an Wild Swimming denkt, dem kommen eher Bilder unberührter Seen und Flussläufe in den Kopf als Granitsteinbrüche und Wasserfälle.
Diese Vielfalt vom idyllischen Waldteich, wo du glaubst, du könntest gleich einer Fee die Hand schütteln, bis zum Urban Swimming – das macht's für mich aus. In München oder Heidelberg etwa gibt es tolle Möglichkeiten in historischer Umgebung zu schwimmen, ein ganz schöner Aspekt des Wild Swimming.

Sind Ihnen in dem Sommer, in dem Sie in mehr als 100 deutsche Gewässer eingetaucht sind, nicht irgendwann Schwimmhäute gewachsen?
Ich bin am Tag vier, fünf Mal ins Wasser und hab unterwegs oft im Auto gelebt und geschlafen – da kommt vor allem eine Geruchsbelästigung zustande. Einmal habe ich einen Anhalter mitgenommen, der hat dann darum gebeten, dass ich ihn an der nächsten Ausfahrt wieder aussteigen lasse, weil es so nach nassem Hund gestunken hat.

Roger Deakin, Pionier der britischen Wild Swimming Community, beschrieb das Eintauchen ins Wasser mal wie eine Metamorphose. »Wer das Land zurücklässt,« heißt es bei ihm, »geht durch den Spiegel und betritt eine neue Welt.«
Das Zitat kenne ich und denke oft darüber nach, wenn ich im Wasser bin. Schwimmen hat für mich auch eine therapeutische Wirkung. Sich frei zu schwimmen, an dieser Formulierung ist viel dran. Diese Schwerelosigkeit im Wasser und diese Reize, besonders wenn das Wasser kälter wird –

man lebt einfach sehr im Moment und, ja, taucht in eine andere Welt ein.
Die britische »Outdoor Swimming Society« hat heute rund 80 000 Mitglieder, aber auch die deutsche Wild-Swimming-Szene wächst seit Jahren. Dabei sind unsere Großeltern schon im Dorfweiher baden gegangen. Was ist wirklich neu an der Bewegung?
Neu ist, dass wir den Kontrast zu unserem täglichen Leben bewusster wahrnehmen. Früher war es auch normal, dass man in ein Gewässer ging, ohne dabei große Angst haben zu müssen, sich zu vergiften. Aber Wild Swimming in Deutschland ist in dieser Form erst seit etwa 20 Jahren wieder ungefährlich möglich, weil die Wasserqualität gut genug ist, gerade in den Städten.

Gibt es Regionen, wo die Gemeinschaft an Wildschwimmern besonders stark ausgeprägt ist?
Ja, speziell in Ostdeutschland habe ich das erlebt. Die Ostdeutschen haben früher ja auch mehr Campingurlaube gemacht, die Freikörperkultur war dort ausgeprägter. Aber auch

bei der Jugend beobachte ich eine Rückbesinnung. Gerade während der Pandemie haben viele Deutsche gesagt: Wir fahren mal nicht ans Mittelmeer, sondern schauen, was wir vor Ort machen können!

Wenn Sie an einem einsamen See plötzlich einen anderen Schwimmer treffen, freuen Sie sich oder sind Sie genervt?
Prinzipiell freue ich mich über die Gesellschaft. Man kann nur schützen, was man liebt, und je mehr Leute diesen Zugang haben, desto besser. Das Bewusstsein, dass wilde Gewässer ein Gut sind, das wir schützen und kultivieren müssen, ist bei Wild Swimmern sehr ausgeprägt. Wir trampeln nicht durchs Schilf, schwimmen nicht in Laichgebieten. Ich sage immer: Eine Schwimmstelle gehört schöner verlassen als man sie vorgefunden hat.

Kommt es auch mal zu Begegnungen mit der Tierwelt?
Manchmal mit Fischen und Molchen, ab und zu mit Schlangen, meist total harmlose Ringelnattern. Toll sind auch die Begegnungen mit der Vegetation. Eine der schönsten Erfahrungen ist das Schwimmen in periodischen Seen, wie es sie etwa in Bayern gibt. Periodische Seen sind Gewässer, die zum Beispiel nach der Schneeschmelze

oder Regenfällen entstehen. Nach ein paar Tagen verschwinden sie wieder, aber für kurze Zeit kann man darin über blühende Almwiesen schwimmen. Das sind magische Momente.

Springen Sie das ganze Jahr über ins Wasser?
Ja, jede Jahreszeit hat ihren Reiz. Der Sommer sowieso, aber auch der Herbst ist wunderbar, und im Frühjahr kann man mit Schneeschuhen oder Tourenski zu Seen wandern und sich abkühlen. Schwimmen im Winter wirkt total stimmungsaufhellend, diese Kälte-Exposition wird auch in der Behandlung von Schmerzen und Depressionen eingesetzt. Man sollte aber behutsam beginnen.

Sie sind selbst ausgebildeter Rettungsschwimmer. Wie bleibe ich beim Wild Swimming sicher?
Am Anfang gilt wie beim Tauchen das Buddy-Prinzip, man sollte also nicht alleine ins Wasser. Besonders in kaltem Wasser ist es gut, wenn man einen Mentor dabeihat. Beim Hineingehen zuerst die Hände ins Wasser zu halten, weil sich dort die meisten Sensoren für die Temperatur befinden. Dann bis zur Hüfte reingehen, Wasser ins Gesicht und mit einem langsamen Ausatmen ins Wasser gleiten.

Mehr »Wild Dip« als »Wild Swim«, trotzdem ein Erlebnis: ein Bad neben den Containerschiffen in der Hamburger Elbe

»

WILDE GEWÄSSER SIND EIN GUT. WIR TRAMPELN NICHT DURCHS SCHILF, SCHWIMMEN NICHT IN LAICHGEBIETEN«

Und das Wichtigste: das Atmen nicht vergessen! Bei größeren Wasserflächen oder Schiffsverkehr empfehle ich die Mitnahme einer Schwimmboje. Die schnallt man sich um die Hüfte, es gibt auch eine Version, die gleichzeitig als Wanderrucksack dient, in dem man seine Klamotten verstauen kann. Diese Boje hat so viel Auftrieb, dass sich bei Problemen sogar zwei Leute daran festhalten können.

Welches Equipment ist noch ratsam?
Für die letzten Kilometer zum Wasser ist natürlich das Fahrrad ein wichtiges Hilfsmittel. Ich habe auch oft ein Packraft dabei, ein ultraleichtes Rucksackboot, das man ganz klein zusammenlegen kann. Das macht einen bei der Wahl des Gewässers noch flexibler, weil man Orte erreicht, die zum Schwimmen allein zu weit entfernt wären. Diese Kombination aus Paddeln, Schwimmen und auch Wandern, die habe ich auch auf meiner Deutschland-Reise für mich entdeckt.

Après-Ski kennt man ja, aber was ist das perfekte Après-Swim-Programm?
Erst einmal hilft Ingwertee sehr schnell, sich von innen wieder aufzuwärmen – viel besser als Alkohol. Den Tee habe ich eigentlich, wenn es kälter wird, fast immer dabei. Eine anschließende Wanderung ist natürlich auch herrlich. Oder man sitzt, wo es erlaubt ist, noch mit Freunden zusammen und macht ein Lagerfeuerchen. Das rundet das Ganze ab. Ich kenne auch keine andere Sportart, bei der man sich danach tatsächlich immer besser fühlt. Wenn ich laufen gehe, spüre ich nachher meine Gelenke. Aber beim Wild Swimming fühlt man sich hinterher immer besser als vorher. ■

Wunderschön und kein bisschen oberflächlich

Durch weit mehr als 100 deutsche Gewässer ist Hansjörg Ransmayr geschwommen. Diese fünf Schwimm-Spots zählen zu seinen Favoriten zwischen Nordsee und Alpen

Strand am Pellwormer Leuchtturm

Das Schwimmen im Meer ist wohl die in Deutschland am weitesten verbreitete Form des Wild Swimming. Und dieser Strand am Leuchtturm der Nordseeinsel Pellworm ist für Hansjörg Ransmayr etwas ganz Besonderes. Einen Sandstrand gibt es nicht, stattdessen springt man direkt hinter dem grünen Deich in die Brandung. Danach darf man sich in einem der Strandkörbe ausruhen – oder, wenn Ebbe ist, mit Vorsicht ein wenig durchs Watt spazieren. Dank des weiß-roten Leuchtturms ist der Weg zurück leicht zu finden.

Ostseestrand Oehe

Von der Nord- an die Ostsee, genauer an die Mündung der Schlei: Taumhaft und trotzdem verhältnismäßig leer ist der Strand am Gut Oehe in der Gemeinde Maasholm. Einfach kurz vor dem Gut dem abzweigenden Rad- und Wanderweg folgen, durch ein kleines Wäldchen und über den Deich gehen, bis man mit den Zehen im Sand steckt. Nach dem Bad: im Bistro des Gutes einkehren oder gen Osten zur Seevogelstation Oehe-Schleimünde laufen. Die Vogelschwärme kann man manchmal auch schon beim Schwimmen beobachten.

Falkensteiner Ufer

Eines von Ransmayrs nächsten Projekten widmet sich den schönsten Spots zum Urban Swimming in ganz Europa. Auch in deutschen Großstädten kann man teils gut schwimmen. Vorhang auf für das Falkensteiner Ufer, Hamburgs Elbstrand im Viertel Blankenese. Wer dort in den Fluss springt, sieht die riesigen Containerschiffe an sich vorbei in Deutschlands größten Hafen fahren. Man sollte aber aufpassen und ihnen wegen der Strömung nicht zu nahe kommen!

Steinbruch Vogelberg

Das Schwimmen in Bergwerkseen gehört für Ransmayr zu den eindrucksvollsten Erfahrungen in Deutschland. Einer seiner Lieblingsorte ist dieser überflutete Steinbruch nahe der sächsischen Stadt Kamenz. Laubwald schmiegt sich an die steile Rückseite des Sees, im vorderen Abschnitt gibt es aber auch eine Liegewiese. Die Wasserqualität ist so gut, dass sich Taucher in dem Gewässer ebenfalls pudelwohl fühlen. Zwar ist der See an wenigen Stellen tiefer als acht Meter, bei guter Sicht kann man aber mit Glück Barsche und Karpfen sehen. Von den Klippen nur mit Vorsicht ins Wasser springen, unter der Oberfläche liegen einige Hindernisse.

Seeleinsee

Um richtig spektakuläre Seen zu finden, muss man nicht nach Kanada fliegen, findet Hansjörg Ransmayr. Ein Beweis: der bayerische Seeleinsee. Der Name klingt doppelt gemoppelt, aber dieses Gewässer ist nun mal auch doppelt schön. Wie hingetupft liegt der türkise See auf 1809 Metern im Hagengebirge, in manchen Jahren bedeckt eine Eisschicht ihn bis in den Mai. Zu erreichen ist er auf einer siebenstündigen Rundwanderung, von der Mittelstation der Jennerbahn über den Steig 474 zum See und über die Nummer 493 zurück. Die Tour lohnt sich – und ist deutlich kürzer als ein Flug in die kanadischen Rockies.

Er ist nicht ganz einfach zu erreichen, zur Belohnung aber umso herrlicher zum Schwimmen: der Seeleinsee in den Berchtesgadener Alpen

Stell Dir vor,
aus klimaneutral wird jetzt sogar umweltneutral*.

Ausgleich von 5 Umweltauswirkungen*

Denk mit nature

Pro Climate
UMWELTNEUTRALES PRODUKT*

COLORWASCHMITTEL KONZENTRAT

- Flecklöse-Formel ohne Octocrylene und Duftstoffe
- Farb- und Faserschutz
↑ 60 °C Waschaktiv
↓ 20 °C Spart Energie

MINIMALER ÖKOLOGISCHER FUSSABDRUCK

*KOMPENSATION von CO₂-Emissionen, Eutrophierung, Versauerung, Sommersmog & Ozonabbau

SUN dance

Pro Climate
UMWELTNEUTRALES PRODUKT*

30 HOCH SONNENFLUID

GESICHT UND DEKOLLETÉ SOFORTSCHUTZ • WASSERFEST

UVA + UVB-Schutz

alverde NATURKOSMETIK

Pro Climate
UMWELTNEUTRALES PRODUKT*

MUNDSPÜLUNG
MIT BIO-MELISSE

ORIGINALITÄTSSIEGEL

Mit Fluorid und ohne Alkohol* ohne Ethanol

MINIMALER ÖKOLOGISCHER FUSSABDRUCK

*KOMPENSATION von CO₂-Emissionen, Eutrophierung, Versauerung, Sommersmog & Ozonabbau

ZERTIFIZIERTE NATUR-KOSMETIK

Pro Climate
Umweltneutrale Produkte* von dm

Produziert mit möglichst geringem ökologischen Fußabdruck, kompensiert dm bei den Pro Climate-Produkten verbleibende Umweltauswirkungen durch Renaturierungsprojekte in Deutschland. Dabei wird nicht nur der CO_2-Ausstoß ausgeglichen, sondern auch Eutrophierung, Versauerung, Sommersmog und Ozonabbau.
Mehr Infos: dm.de/klima

Für weitere Infos
QR-Code scannen

*KOMPENSATION
von CO₂-Emissionen,
Eutrophierung, Versauerung,
Sommersmog & Ozonabbau

dm

HIER BIN ICH MENSCH
HIER KAUF ICH EIN

GANZ NAH

TEXT **RICARDA MÜTERTHIES**

Wer möchte es nicht wenigstens im Urlaub haben, das
»Entdecke Dich draußen!«-Feeling. MERIAN stellt Unterkünfte für Abenteuerlustige, Aktive, Naturliebhaber,
Selbstversorger, Camper, Wassersportler und Freunde der
wohltemperierten Gaststube mit Seeblick vor

AM WASSER

»DIE IDEE ALLEIN WECKT SEHNSÜCHTE«

Eine Übernachtung im Schlafstrandkorb direkt am Meer! Das klingt verheißungsvoll: Tatsächlich wächst die Zahl der Anbieter – denn die Nachfrage im Sommer ist groß

Eine Nacht am Strand, ein Schlafgemach, bequem und weich unter freiem Himmel. Die Idee schlug 2016 große Wellen. Schlafstrandkörbe gibt es noch nicht wie Sand am Meer, aber ihre Zahl steigt stetig, denn immer mehr Menschen wollen so eine komfortable Nacht im Freien (buchbar von Mai bis September) erleben. Eine der Entwicklerinnen des Projekts »Schlafstrandkorb« ist Andrea C. Bayer, damals bei der Tourismus-Agentur Schleswig-Holstein engagiert, heute Tourismus-beraterin und Autorin von

MERIAN. »Der Ansatz war klar«, erinnert sie sich, »wir wollten Mensch und Natur für Glücksmomente intensiver zusammenbringen«. Die Strandatmosphäre sollte in die Nacht verlängert werden, also mussten (legale) Schlafplätze am Meer her, damit die Romantiker und Erlebnishungrigen unter den Tagesgästen bleiben konnten. »Und wenn man dann so ein regionales Element wie den Standkorb hat, ist es naheliegend, ihn zum Schlafplatz umzufunktionieren.« Aus dem Nord-Ostsee-Produkt ist

längst ein 2,40 Meter langer und 1,30 Meter breiter Exportschlager geworden, der Träume erfüllt, auch wenn man womöglich auf den Polstern und in den mitgelieferten Decken wach liegen bleibt. «Die Idee allein, draußen zu schlafen, weckt Sehnsüchte«, findet Andrea C. Bayer. Und hier geht's unter anderem:

LÜBECKER-BUCHT
luebecker-bucht-ostsee.de/
schlafstrandkorb

TRAVEMÜNDE
travemuende-tourismus.de/
erleben/am-im-wasser/
schlafstrandkorb

TIMMENDORFER STRAND
timmendorfer-strand.de/strand/
schlafstrandkorb

NORDERNEY
norderney.de/norderney-shop/
schlafstrandkorb.html

BÜSUM
buesum.de/nordseeurlaub/
strand-und-baden/schlafstrand-
korb.html

SCHILLIG
wangerland.de/wangerland/ukv/
house/Schlafstrandkorb-Schil-
lig-GER00020060897542890

ESENS, BENSERSIEL
bensersiel.de/camping/
schlafstrandkorb/

GRÖMITZ
groemitz.de/strandschlafen

WIE IM HOCHSITZ

Wo früher Waren ausgeladen wurden,
wird heute ins Hafenkran-Hideaway
eingeladen. Eine Nacht mit Elbphil-
harmonie-Blick? Warum nicht.

Hamburg, Am Sandtorkai 68
floatel.de/hideaways/hafenkran-hamburg

FÜR SCHWINDELFREIE

Über den Wolken: Auf der
Cloef, dem Aussichtspunkt an
der Saarschleife, schläft man
die Nacht in den Bäumen
hängend. Ein Abenteuer.

Orscholz, Parkplatz Cloefstraße
cloefhaenger.com

FAST WIE IM SEEBAD
Morgens ins Wasser zu springen,
ist am Campingplatz Bannwaldsee
im Ostallgäu eher eine einfache
Übung. Und danach? Nebenan
liegt Schloss Neuschwanstein!
Schwangau, Münchner Str. 151
camping-bannwaldsee.de

AM STADTSTRAND
Fürs Mikroabenteurer-Feeling im
Stadtgebiet sorgen im Elbecamp
Feuertonne und Caravan. Garantiert
zieht sogar ein Frachter
auf der Elbe vorbei.
Hamburg, Falkensteiner Ufer 101
elbecamp.de

WUNSCHLOS WINZIGER!

Urlaub im Tiny House –
gerade sehr smart. Glamping
und Camping auch. Wer
Gefallen an diesen alternativen und zudem günstigeren
Arten des Reisens findet, wird
sich nur schwer wieder für
Klassisches begeistern lassen.

BÜSUM
An der Lagune gelegen.
Wattwandern und Wasser-
sport total. Großer Platz mit
großem Freizeitangebot.
Büsum, Dithmarscher Str. 41
camping-nordsee.de

SCHLIERSEE
50 Camper und 20 Zelter,
die den unverstellten Blick
auf den See und das
bayerische Bergpanorama
genießen.
Schliersee, Westerbergstr. 27
camping-schliersee.de.

AN DER HAVEL
»Naturfreibad am Weißen
See«, Teil der Mecklen-
burgischen Seenplatte. Mit
Restaurant am Platz.
Wesenberg, Am Weißen See 1
haveltourist.de/campingplatz-
mecklenburgische-seenplatte/
campingpark-am-weissen-see.
html/

RHEIN-BLICK
Der Nordschwarzwald
und der Fluss: Zwei der
vielen Highlights in Ba-
den-Württemberg sind gute
Gründe, um hier zu
verweilen.
Rheinmünster,
Am Campingpark 1
freizeitcenter-oberrhein.de

IN DER DÜNE
Am Nordstrand von
Helgoland steht ein
Mini-»Wikkelhouse«.
helgoland.de/naturnahes-
wohnen-auf-der-helgolaen-
der-duene/

BEI KÄPT'N IGLU

Schwimmt, aber schmilzt nicht: das Iglu für unseren Breitengrad. Diese kleinen Häuser sind mit allem Komfort ausgestattet, also mit Küchenzeile, Doppelbett, Terrasse und Badezimmer. Die Camps gibt es an sechs verschiedenen Standorten: in der Uckermark am Templiner Stadtsee (Foto oben), im Erlebnisdorf Elbe-Parey im Jerichower Land (Sachsen-Anhalt), im Münsterland (Heidewald), an der Eider (Schleswig-Holstein), an der Mosel (Freizeitsee Triolago) und im Lautertal in Rheinland-Pfalz. Mehr Infos: iglu-camp.de

HALBINSEL SCHWANSEN

»We like to camp different«. Das Motto in diesem perfekt gelegenen Strandcamp an der Ostsee (Landkreis Rendsburg-Eckernförde) ist Programm: Wer mit einem coolen Fahrzeug kommt, kriegt einen Rabatt.
Waabs, Fischerstr. 9
camp-langholz.de

GROSSER BROMBACHSEE

Die Badehalbinsel Absberg in Bayern ist vergnüglich für junge und aktive Zelter, denn es gibt eine Wakeboardanlage, SUP- und Longboard-Verleih sowie viele Ballspielfelder.
Absberg, Badehalbinsel 7
zeltwiese-absberg.de

WAGINGER SEE

Er ist der wärmste See Bayerns, das freut natürlich alle 5-Sterne-Strandcamper hier.
Waging am See, Am See 1
strandcamp.de

HOBBIT-FEELING

Brandenburg statt Mittelerde: Im Iglu-Camp Templin steht schon das Frühstückstablett am Bett. Alles klein, aber fein im Innenraum. Typisch Tiny House eben

Kommen, um zu Staunen.
FÜHL DIE WEITE.

Niedersachsen überrascht mit großartigen Landschaften und aufregenden Erlebnissen. Finden Sie Ihre ganz persönlichen Highlights unter **reiseland-niedersachsen.de**

NIEDERSACHSEN!

ALTER RIESE
Seit 90 Jahren wacht er über den
grünen Deich, das Wattenmeer und
die vorgelagerten Halligen: der
Leuchtturm von Dagebüll. Auch
ihn kann man mieten.
Dagebüll, Osewoldter Sielzug
leuchtturm-dagebuell.de

EIN GEFÜHL VON FREIHEIT

Er wollte einmal im Leben Leuchtturmwärter sein. 2020 hat sich
Torsten Sorger diesen Traum erfüllt. Und wie lebt es sich da oben?

Schon immer hat sich Torsten
Sorger mit Vorliebe »englische
Küstenkitschfilme« ange-
schaut. Liebesgeschichten im
Rosamunde-Pilcher-Stil. Gedreht an der Küste Cornwalls.
In Dorset und Devon. Die
Leiden und Sorgen der schick-
salhaft Verliebten waren aber
nicht das, was Sorger am
meisten faszinierte. Es war die
Landschaft, genauer gesagt:
die »lighthouses« in der Landschaft. Und irgendwann entstand bei ihm der Wunsch:
»Ich möchte Leuchtturmwärter
sein.« Seit Dezember 2020
ist er es.

Schon als er den rot-weißen
Riesen von Glowe auf Rügen
das erste Mal sah (rechte Seite),
hat es bei ihm – frei nach
Rosamunde Pilcher – »Bing«
gemacht. Er verliebte sich. Zum
vollständigen Glück, das weiß
man, gehören zwei. Mit
Geschick konnte Sorger den
Vorbesitzern, die den Turm bei
einer Lotterie gewonnen hatten,
abhandeln. Schritt für Schritt
hat er ihn renoviert. Und ver-
mietet ihn an alle, die sich auf
Zeit so fühlen wollen wie er.
Und wie ist es so, als Leuchtturmwärter? »Es ist ein
Geheimrezept gegen Stress«,

sagt er. »Wenn ich da oben
im Turm stehe, fühle ich
mich schlagartig besser.
Diese Aussicht auf Rügen ...
fantastisch.«
Mittlerweile ist der Turm
selbst zur echten Attraktion
geworden, sodass Sorger eine
Sitzbank aufgestellt hat, die
Neugierigen und Instagramern
die Möglichkeit zum »Selfie
mit Leuchtturm« bietet. Noch
besser aber, sagt er, sei es,
ein paar Tage in den vier
Etagen zu verbringen. »So ein
Leuchtturm vermittelt ein
Lebensgefühl.« Von Freiheit
und Weite natürlich.

DICK IST SCHICK
Das 16 Meter hohe Wahrzeichen von Glowe bietet auf vier Etagen Platz für fünf Personen. Zum Strand ist es nicht weit. Der eigene Strandkorb steht im Garten.
Glowe, Dünenresidenz 19
ferien-im-leuchtturm.de

KLARE SACHE
Früher wurden von hier die Schiffe per Lichtstrahl durchs Stettiner Haff geleitet. Heute geht das Licht natürlich aus, wenn im Bett nachts beide Augen zugedrückt werden sollen.
Usedom, Karnin 27
lotsenturm-usedom.de

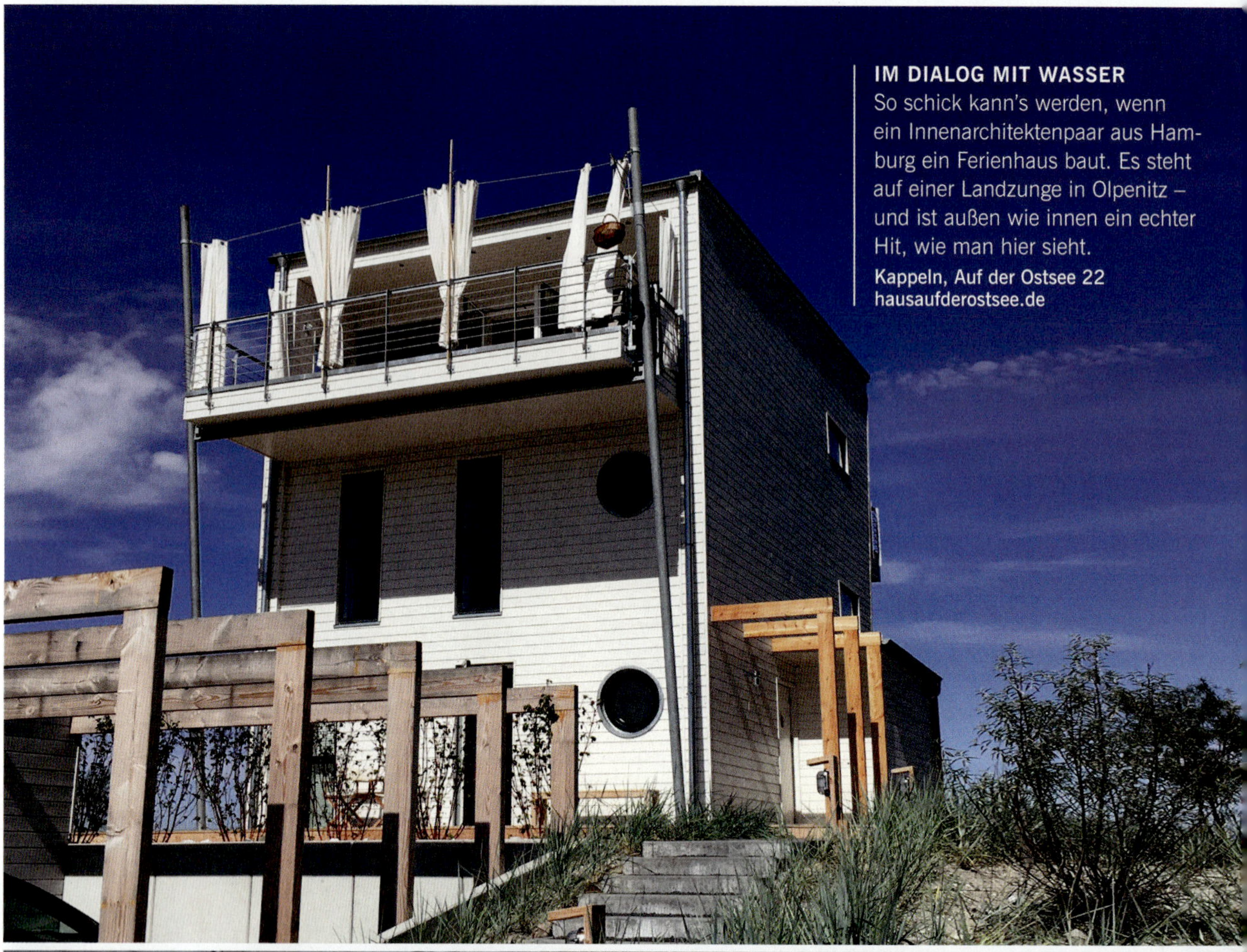

IM DIALOG MIT WASSER
So schick kann's werden, wenn ein Innenarchitektenpaar aus Hamburg ein Ferienhaus baut. Es steht auf einer Landzunge in Olpenitz – und ist außen wie innen ein echter Hit, wie man hier sieht.
Kappeln, Auf der Ostsee 22
hausaufderostsee.de

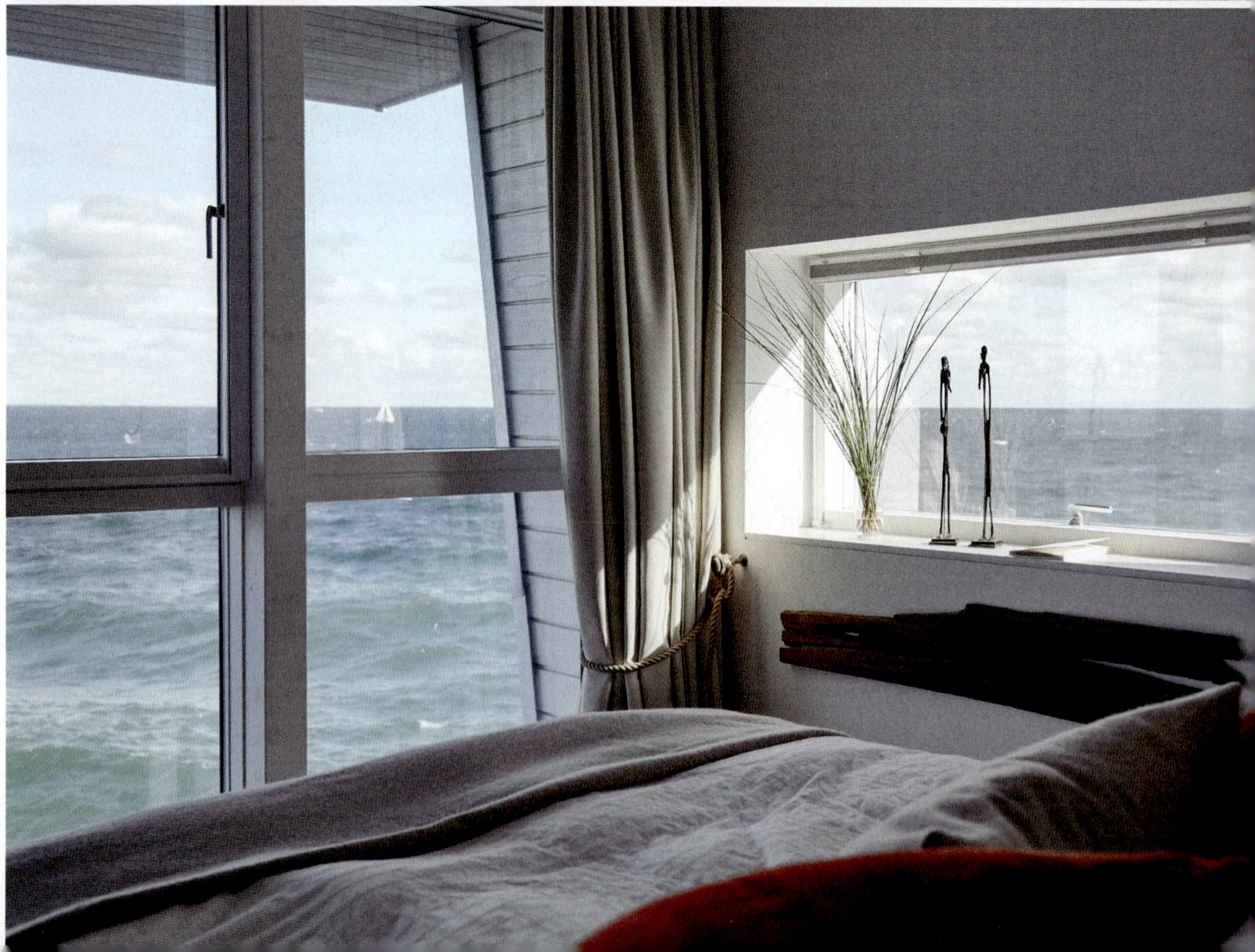

REINE GESCHMACKSSACHE

Natürlich haben Häuser eine Seele. Und damit wir uns wohlfühlen, muss mehr stimmen als der Härtegrad der Matratze. Oder der Preis. Hotels und Ferienhäuser mit dem gewissen Etwas:

AM TEGERNSEE

Zwischen Himmel und Erde befindet sich ein Hotel, das »Das Tegernsee« heißt. Es ist luxuriös und dabei leise. Es liegt in der Natur und bietet jeden erdenklichen Komfort. Es ist ein Ort mit Panoramablick aufs Wasser. Malerisch.

Tegernsee, Neureuthstr. 23
dastegernsee.de

HERRENHAUS IM OSTEN

Vom Wasser umspielt, thront Schloss und Gut Ulrichshusen am gleichnamigen See (Mecklenburg-Vorpommern). Sowohl die Zimmer als auch die Wohnungen sind so, wie man es bei einem Baudenkmal erwartet: sehenswert.

Schwinkendorf, Seestr 14,
ulrichshusen.de

IM SPREEWALD

Alleinlage am Wasser! Ein Inselgrundstück mit 1000 Quadratmetern Gartenfläche? Top! Und obendrein ein gemütlich-geschmackvoll eingerichtetes Haus.

Lübbenau OT Lehde, An der Gigalitza 11, ferienam
wasser.reisen (Angebot 6qyxx3)

AUF RÜGEN

Kapitän Nemo und sein U-Boot tauchen auf: Inspiriert von Jules Vernes Fantasie sind die Zimmer im Hotel Nautilus.

Putbus, Neukamp 17
ruegen-nautilus.de

AM EDERSEE

Frei stehendes Haus auf einem 1000-Quadratmetern-Grundstück mit Blick auf den Stausee und Schloss Waldeck. Innen hübsch gestaltet. Wochenendstr., Edertal-Bringhausen, traumferienwohnungen.de (Objekt 189727)

IN DER EIFEL

Diese Brücke führt zum Glück, wahrlich. Die puristisch und stylish eingerichtete »Brückenvilla« (oben) in Monschau, Eifel, bietet sich für Familienfeiern an: fünf Schlafzimmer, vier Bäder. Der Garten ist ein Hingucker.
Monschau, Stadtstr. 33-35
bleibe.de/brückenvilla.html

AM BODENSEE

Die historischen Mauern des schicken Seehotels »Villa Linde«, das umfangreich renoviert wurde, stehen am Bodensee. 14 Zimmer, zwei Suiten mit Blick aufs Wasser. Küchenchef Kevin Leitner kocht exzellent.
Bodman-Ludwigshafen
Kaiserpfalzstr. 50
seehotelvillalinde.de

»HYGGELIG« IM NORDEN

Wer den lässig-nordischen Stil mag, der wird nach dem ersten Aufenthalt im »Seehotel Töpferhaus« in Alt-Duvenstedt bei Rendsburg immer wieder kommen. Denn es ist wirklich schön! Man ist mitten in der Natur, direkt am Bistensee. Ein echter Geheimtipp.
Alt-Duvenstedt, Am See 1
toepferhaus.com

IM ALLGÄUER HERZEN

Wer sagt denn, dass am Hopfensee bei Füssen nur Camping möglich ist? Das familiär-liebenswürdig geführte »Biohotel Eggensberger« beweist das Gegenteil. Mit Naturzimmern und gesunder Küche. Das wirkt nachhaltig positiv aufs Gemüt.
Füssen, Enzensbergstr. 5
eggensberger.de

SCHÖNER SCHLAFEN

Ist Weiß die Farbe der Träume? Die Wissenschaft rätselt bis heute. In der Monschauer »Brückenvilla« hat man sich entschieden. Und zwar für elegantes Weiß.

WIRKLICH »ALTERNATIVLOS«!

Wir übernachten alle zusammen in der Jugendherberge – auch das
ist ein Statement. Und nicht die schlechteste Idee, findet Samuel Knoll

Als kleiner Junge kam Samuel Knoll das erste Mal auf Burg Stahleck (Foto), mittlerweile ist er 35 Jahre alt und seit 2015 Betriebsleiter der Jugendherberge seiner Träume. Früher, erinnert er sich, wurden die Gäste zum Geschirrspüldienst eingeteilt, heute sind Jugendherbergen »Familiengästehäuser mit vollwertiger Verpflegung und Rundum-Angeboten«. Es hat sich also viel getan im deutschen Jugendherbergswesen, doch das Gefühl, eine ganz besondere Form von Urlaubszeit zu erleben, sei unverändert geblieben: »Hier treffen verschiedenste Gästegruppen aufeinander. Wanderer, Schulklassen, internationale Gäste. Manchmal melden sich sogar komplette Orchestergruppen an. Ich weiß von vielen Freundschaften, die hier geschlossen wurden«, sagt Samuel Knoll. Er kommt eigentlich aus der Sterne-Gastronomie, aber dieses ganz andere Gastgeber-Gefühl, dieser nicht so perfekte und weniger dis-tanzierte Umgang miteinander, gefällt ihm in seinem Betrieb besser. »Es ist alles nicht so anonym.« Anfang des 20. Jahrhunderts entstand im Zuge der Jugendbewegung die Idee, Unterkünfte für junge Menschen, Jugendgruppen und Schulklassen zu schaffen. »Bis heute gibt es nichts Vergleichbares. Die großen Zimmer, die familienfreundlichen Preise«, sagt Knoll. Jede Kommune sei im Grunde froh, eine Jugendherberge zu haben. 450 gibt es in Deutschland. Viele an den schönsten Orten. Wie in Bacharach, wo sich Knoll bei der Arbeit wie ein Burgherr vorkommt. Infos: jugendherberge.de

FELSENFEST
Faszinierend ist der Blick übers
Rheintal von Burg Stahleck aus dem
12. Jahrhundert. Die Jugendherberge
hat 178 Betten in Zimmern mit Ein-,
Zwei-, Vier- und Mehrbettbelegung.
Und WLAN, liebe Kids!

Bacharach, Burg Stahleck
diejugendherbergen.de/bacharach

ALLE VOR ANKER

Hausboot-Feeling ganz ohne Seegang. Sicher verankert, in bester Lage auf dem Wasser. Die schönste Zeit des Jahres ohne festen Boden unter den Füßen? Warum nicht!

BREMERHAVEN
Im historischen Fischereihafen gelegen. Ausgestattet mit allem, was man braucht.
Bremerhaven, Fischkai 2
husboat-erleben.de

MÜRITZSEE
Die »Marseille« liegt nicht in Frankreich, sondern in der Marina Buchholz. Eine kleine Ferienwohnung auf dem Wasser mit einer Badestelle vor der Haustür.
Buchholz, Seepromenade 1
hausboot-marseille.de

KLOSTERSEE
Logenplatz mit allem Schnickschnack und Sauna an einem einsamen Flecken in Brandenburg. Aber das ist ja genau das, was man sucht.
Kloster Lehnin, bootshaeuser.de (Objekt B10000001909)

HEILIGENHAFEN
Die roten Holzfassaden der beiden Sealodges leuchten im Hafen mit der Sonne um die Wette. Die beiden Boote für maximal fünf Personen sind komplett eingerichtet und nah gelegen zum Badestrand, Fahrradverleih und Aquapark.
Heiligenhafen, Jachthafen Ortmühle waterkant-living.de

BERLIN
Diese Luxusjacht fährt nicht weg. Der geräumige Salon, 70 Quadratmeter groß, eröffnet den Blick auf die Rummelsburger Citymarina. »Graceplace« hat zwei Schlafzimmer und zwei Bäder.
Berlin, Zur Alten Flussbadeanstalt 5
graceplace.de

Dein MünsterLand Moment

Ob urbanes Flair in Münster oder Kultur auf dem Lande – hier findest du deinen MünsterLand Moment

Liebst du den „Thrill" oder das „Chill"? Möchtest du Action oder relaxen? Soll es der Einkaufsbummel durch besondere Geschäfte sein oder die Radtour durch idyllisches Grün? Steht dir der Sinn nach Kultur oder nach Natur? Soll es raus aufs Land gehen oder rein in die Stadt? Kein Problem! In Münster und dem Münsterland findest du die perfekte Kombination für deine Auszeit.

Wir führen dich in Wasserschlösser und in die Brauerei, setzen dich aufs Rad und aufs Pferd, stellen dich aufs SUP und aufs Skateboard, lassen dich im Tipi übernachten und im Designhotel, zeigen dir Picassos und Flamingos.

Wir zeigen dir, was unsere Region an Highlights und Naturschönheiten zu bieten hat und wie man diese am besten miteinander kombiniert: Von verträumten Wasserburgen und Wildpferden über Kulturschätze hinter Klostermauern bis hin zu Hofläden mit regionalen Produkten, familiengeführten Geschäften in den Giebelhäusern des Prinzipalmarktes und dem Kiez rund um Münsters Hafen.

Bei uns findest du Inspirationen für Kulturgenuss, Naturerlebnisse und Shopping. Egal, ob für einen Kurztrip, ein Wochenende, ein paar Tage oder gerne auch für einen längeren Urlaub.

Finde deinen ganz persönlichen MünsterLand Moment auf www.DeinMünsterLandMoment.de

MÜNSTER MARKETING/DAGMAR SCHWELLE

MÜNSTERLAND E.V./PHILIPP FÖLTING

Ein magischer Ort: die Einfahrt in
den Jacht- und Kommunalhafen Orth
an der Südwestspitze von Fehmarn

WASSER – WELT DER WUNDER

Die Magie des Wassers zu beschreiben, ist ein sinnloses Unterfangen. Es zieht uns an, stimmt uns glücklich. Am Strand, auf dem Hausboot, auf der Veranda mit Meerblick. Ja, das Wasser macht irgendetwas mit uns

Seltsam wundervolle Fleckchen Erde gibt es viele auf der Welt, aber dieser Ort war besonders schön. Ein Frieden lag in der Luft, eine Idee von Weite. Dazu gesellte sich eine undefinierbare Mischung aus planetarem Wohlgefühl und der Lust, sofort die Badehose auszupacken. Allerdings brauchte ich ein wenig, um zu begreifen.

Nach zwei langen Segeltagen auf der Ostsee hatte ich einen kleinen Hafen auf der Insel Fehmarn angesteuert und mein Segelboot an einem der Stege vertäut. Nun saß ich mit einem Bier an Deck und tat nichts. Ich ruhte mich aus und schaute. Hinter der Mole glitten die Kitesurfer übers Wasser, im Westen öffnete sich die flache Reede, hinter der sich eine Landzunge bis weit in die Bucht zog. An ihrem Ende stand ein Leuchtturm, dahinter lag die offene Ostsee.

Ich nahm einen Schluck vom Bier. Die Schiffe schwammen still im Hafen, jede Menge Jachten, aber auch einige Motorboote und ein größerer Ausflugsdampfer. Es war ein Tag im späten Sommer. Auf den meisten Schiffen saßen Menschen, saßen da wie ich. Sie taten nichts und schauten.

Am Hafen gab es drei, vier Restaurants, ein bunt bemaltes Café unter Kastanien und zum Ufer hin mehrere Terrassen. Ich drehte mich um. Rund um den kleinen Hafen standen unaufgeregte Häuser, manche schon sehr alt und von Efeu bewachsen, andere neuer und moderner in ihrer Ausstattung. Die Einheimischen vermieteten Ferienzimmer am Hafen, boten Surfkurse an, sie machten Kuchen und mischten Cocktails für die Gäste. Am nördlichen Ende des Hafens stand noch ein herrlich windschiefes Bistro.

Eine zusammengenagelte Bude, behangen mit allerlei Fischernetzen und Haifischköpfen.

Ein schöner Hafen, dachte ich. Still und friedlich. Nicht zu viel los, aber auch nicht zu wenig. Ein Idyll. Aber ich hatte noch nicht begriffen.

Es war einer dieser späten Augusttage. Der Sommer will noch nicht gehen, obwohl der Himmel jetzt schon früher dunkel und sein Blau blasser wird. Der Wind nahm zum Abend hin ab, und bald wehte kaum ein Lüftchen mehr. Die Menschen saßen verstreut auf der Wiese vor der Surfschule, saßen auf den Bänken, auf den Pollern, auf den Stegen. Die Windsurfer begannen nun schon langsam, abzubauen, aber sie ließen sich alle Zeit der Welt und gingen neben ihren Gabelbäumen, Segeln und Boards barfuß durchs Gras.

Eigentlich geschah in diesem kleinen Hafen gerade gar nichts. Ein weiterer Tag Sommer ging, es war jetzt die Stunde für ein kühles Getränk vor dem Abendessen, und vor den Restaurants standen die Kellner und warteten auf die ersten Gäste. Nein, eigentlich geschah gerade wirklich nichts in diesem Hafen.

Und doch geschah gerade alles.

Ich saß noch immer auf meinem Segelboot, holte mir ein zweites Bier und hörte diesem kleinen Hafen an der Ostsee einfach zu. Es vollzog sich nicht von allein, und es ging auch nicht schnell. Man musste sich ein wenig in einer gewissen Kunst üben. Musste dafür in einer Art Kontemplation versinken, sich gleichzeitig jedoch ordentlich konzentrieren und versuchen, jenen Sinnen zu lauschen, die ihren Dienst weit unter der Haut verrichten. Jenseits der Augen, der Ohren, der Hände, jenseits auch des Verstands. Man musste es fühlen, um begreifen zu können, was hier gerade so besonderes vor sich ging.

Die Leute waren wegen der Ferien hier. Sie surften, fuhren mit dem Fahrrad über die Insel oder kamen mit dem Segelboot. Jetzt entspannten sie. Saßen auf den Balkonen, hockten auf den Schiffen oder lagen auf der Wiese. Und sie taten alle das Gleiche. Der Hafen lag in einem kleinen Ort, der auch so heißt: Orth. Orth auf Fehmarn. Eine alte Hafensiedlung in der Gemeinde Petersdorf, Postleitzahl 23769, im Sommer 60, im Winter 30 Einwohner. Ein Ort, der total verkehrt heißt. Ein Ort, der eigentlich nach dem benannt sein müsste, weshalb die Menschen in Wahrheit hier waren – und was sie gerade stillschweigend und in erster Linie genossen, ohne es so recht zu wissen.

Die Anwesenheit des Wassers.

Das Wasser war das bindende Element. Das große Fluidum der Kohäsion. Das Meer, die kleinen Wellen im Hafenbecken, die Bucht, der nahe Sund, der Leuchtturm, der Strand und der Himmel, der sich überall im Wasser spiegelte. Nur noch vier, fünf Kinder weilten im Wasser. Alle anderen dümpelten

auf dem Wasser, standen am Wasser, saßen am Wasser, blickten aufs Wasser. Und was sie auch taten, eigentlich taten sie gerade alle nichts anderes, als die schiere Präsenz diesen wundersamen Elements auf sich wirken zu lassen. Die Segler. Die Surfer. Die Urlauber. Die Alten. Die Jungen. Der Hafenmeister mit seiner Ledertasche und der Muskelberg neben seinem Wohnmobil, der jetzt endlich aufgehört hatte mit seinen Liegestützen.

Ich überlegte, was es am Ende war. Was die Anwesenheit des Wassers gerade mit uns allen hier machte. Aber ich fand keine Antwort.

Ich wusste nur eines in diesem Augenblick. Man hätte sich alles wegdenken können. Die Bude, die Restaurants, die Segelboote, den kleinen Surfverleih, sogar die Menschen. Es hätte noch immer alles funktioniert. Nur eines hätte man sich nicht wegdenken können. Das Wasser.

Ohne das Wasser wäre der Hafen tot gewesen. Ohne das Wasser wäre alles nichts gewesen. ▪

Der Schriftsteller Marc Bielefeld vollendet gerade sein aktuelles Buch und plant danach eine Auszeit: natürlich auf dem Wasser. Mit seinem Boot.

Kultur und Natur genießen in Passau

Passau bezaubert mit barockem Charme

Passau bezaubert mit barockem Charme und einer einzigartigen Lage an drei Flüssen. Nehmen Sie sich Zeit für Kultur und Natur, denn beides liegt in Passau nur wenige Schritte voneinander entfernt. Auf Schritt und Tritt gibt es für Sie etwas zu entdecken. Zu einer ganz besonderen Sehenswürdigkeit gelangen Sie mitten durch die wilde Natur: Die Burganlage **Veste Oberhaus** thront hoch über der Stadt und kann in ca. 20 Minuten zu Fuß erreicht werden. Die Pfade führen durch das Naturschutzgebiet Oberhauser Leite, einen verwunschen anmutenden Berghang mit lianenüberhangenen Baumstämmen und steilen Felsen. Droben angelangt, erkunden Sie die weitläufige Burganlage und genießen traumhafte Ausblicke auf die Stadt.

Weitere Kombinationen aus Kultur und Natur:
Burgruine und Flussschleife
Auf einem Felsen über dem historischen Marktplatz thront die **Burgruine Hals**. Die Trutzburg sitzt an der engsten Stelle, also am „Hals", der Ilzschleife. Die Ruine befindet sich in Privatbesitz, aber bei einer kleinen Wanderung entlang des Flusses Ilz bieten sich tolle Blicke auf die uralten Gemäuer. Am Fuße der Ruine gelangt man mitten hinein in das Naturschutzgebiet „Halser Ilzschleife" entlang der Ilz. Wild bewachsene Ufer und steile Felsformationen umrahmen den lebhaftesten der drei Passauer Flüsse. Sehenswert ist der Holzsteg an der Triftsperre, der über das dunkle Wasser führt.

Schloss und Stadtpark
Einst als fürstbischöflicher Sommersitz erbaut, beherbergt **Schloss Freudenhain** seit über 100 Jahren ein Gymnasium. Der zugehörige Schlosspark war im 16. Jahrhundert prägend für europäische Gartenkultur. Es gab prächtige Blumenanlagen, sprudelnde Brunnen und bestens gedeihende Zitrusfrüchte. Über die Jahrhunderte ist hier ein wunderschöner, dichter Laubwald herangewachsen. Dicke knorrige Baumstämme zwischen verschlungenen Wegen, ein grünes Blättermeer und Feuersalamander, die zwischen moosbewachsene Steine kriechen: Ein ganz besonderes Naherholungsgebiet mitten im Stadtgebiet.

Für mehr Passau-Inspiration:
tourismus.passau.de

48 STUNDEN IN

Lindau

Die Schauspielerin Sabine Lorenz hat in der 25 000-Einwohner-Stadt am Bodensee ihren Heimathafen gefunden. Sie pflegt dort viele Rituale, vom Marktbummel bis zur SUP-Tour

Ich bin über Umwege am Bodensee gelandet und hätte nie gedacht, dass ich mich mal so in eine Gegend verlieben könnte. Seit acht Jahren lebe ich nun in Lindau und bin jeden Tag dankbar dafür. Ich mag das Zusammenspiel von Wasser und Bergen, das Gefühl von Weite und die Großzügigkeit und Offenheit der Menschen hier.

Beruflich bin ich Nomadin geblieben, ich fahre dorthin, wo eben gerade gedreht wird – München, Berlin, Köln, Bern. Auf der Bühne stehe ich oft am Theater Kosmos im nahen Bregenz, das vor allem zeitgenössische Stücke zeigt und damit Impulse für Diskussionen setzt. Ich liebe die Leidenschaft des gesamten Teams. Das Stadttheater in Lindau hat kein festes Ensemble, dort kann man aber tolle Gastspiele namhafter Häuser sehen.

Wenn ich am Wochenende Zeit habe, schlendere ich samstags gern über den Wochenmarkt auf der Bodenseeinsel, gleich an der neuen Inselhalle. Am besten fährt man mit dem Fahrrad oder Bus hin und genießt von der Brücke zur Insel die Aussicht, die finde selbst ich noch jedes Mal wieder atemberaubend. Auf dem Markt kaufe ich vor allem bei den Biobauern der Region ein und natürlich heimischen Käse. Danach ist für mich ein Cappuccino bei Ursel im Café Collodium ein Muss. Dort sitze ich im Sommer am liebsten draußen, ansonsten aber auch gerne auf den gemütlichen Sofas zwischen unverputzten Mauern und Fachwerkbalken und gönne mir ein Stück von ihrem selbst gemachten Kuchen oder eine ihrer großartigen *Dinnete*, das sind eine Art schwäbische Flammkuchen. Gleich um die Ecke besorge ich gern Olivenöl und sardische Feinkost für das Wochenende in der Bottega Shardana. Der Samstag ist aber noch kein Samstag, wenn ich nicht in der Buch-Insel gewesen bin. Es gibt mehrere Buchgeschäfte in Lindau, aber in keinem wird man so gut beraten. Auch wenn ich eigentlich kein Buch gesucht habe, gehe ich immer mit einem nach Hause. Manchmal mache ich dann noch einen Abstecher in Richtung Reutiner Bucht, zu Schoscha. Die Inhaberin Sonja Messing hat ihr Geschäft gerade in der sehr cool renovierten Lagerhalle Lade33 neu eröffnet. Neben skandinavischem Interieur und Designermöbeln bekommt man auch ausgesuchte Vintagemöbel, Leuchten und Literatur. Am gleichen Ort verkauft Johannes Suckfüll seine veganen und vegetarischen Spezialitäten. Sein Laden heißt DEYN, was für *Don't Eat Your Neighbours* steht. Als Vegetarierin kann ich das nur unterstützen. Radler und Spaziergänger, die auf dem Weg von

Sabine Lorenz wurde 1972 in Mainz geboren, hat die Schauspielschule Zerboni in München besucht und u. a. am Theater an der Effinger-strasse in Bern und bei den Weilheimer Festspielen gearbeitet. Als TV-Darstellerin hatte sie Rollen in Serien wie »Die Kuhflüsterin«, »SOKO 5113« und »Die Rosenheim-Cops«. Sie gründete die Festspiele Wangen im Allgäu, schreibt Film- und Romanadaptionen fürs Theater und arbeitet als Sprecherin.
sabinelorenz.actor

Wahrzeichen am Wasser: Ein Leuchtturm und eine Löwenskulptur aus dem 19. Jahrhundert flankieren die Einfahrt in den Hafen von Lindau, der sich wie die Altstadt auf einer Insel im Bodensee befindet

Dieser Fisch weist den Weg zu kreativer Küche und guten Weinen: in die liebevoll geführte Weinstube »Zur Fischerin«

Lindau nach Österreich oder auf dem Weg in die Lindauer Therme sowieso dort vorbeikommen, können hier bes- tens kurz Station machen und Lecke- reien mitnehmen. Mein Tipp: Johannes' »Linsenleberworscht«, das fermentierte Gemüse oder sein köstlich orientalischer Hummus.

Am Abend sollte man unbedingt das kleine Traditionslokal Zur Fischerin be- suchen. Es ist nur ein paar Minuten zu Fuß vom Löwendenkmal und dem Leuchtturm entfernt, die sich an der Ha- feneinfahrt gegenüberstehen. Thorsten und Andrea Scheiner betreiben es mit viel Liebe. Thorsten empfiehlt auch tolle Weine, die meistens aus der Region kom- men. Sein Großvater hat die Weinstube in den fünfziger Jahren gegründet und nach dem damaligen Hit »Die Fischerin vom Bodensee« benannt. Andrea kocht fantastisch, und die kleine, feine Karte wechselt häufig. Wovon ich nie genug bekomme, ist der legendäre Käsesalat, den Thorstens Vater erfunden hat!

Auch in der Eilguthalle isst man ex- zellent. Das ist eine frühere Zollhalle, in die vor wenigen Jahren ein Restaurant eingezogen ist. Durch die Panoramafen- ster oder von den Liegestühlen draußen hat man einen schönen Blick auf das Wasser. Und ich finde die Oldtimer klas- se, die drinnen als eine Art Auto-Dauer- ausstellung stehen. Anschließend geht man am besten auf die Hinteren Insel, der Westspitze der Lindauer Bodensee- einsel, spazieren, die für die Bayerische Gartenschau 2021 umgestaltet wurde.

Dort findet man Ruhe im Grünen und kann von den Uferstufen grandiose Son- nenuntergänge anschauen.

Wenn man mit dem Fahrrad von der Insel über den Bahndamm und durch den Lotzbeckpark in den Stadtteil Bad Schachen mit seinen alten Villen radelt, erreicht man den Lindenhofpark, der an das Seeufer grenzt. Er ist perfekt für ei- nen entspannten Sonntag. Im Schatten der uralten Bäume habe ich viele meiner Theaterstücke gelernt – und meinen Mann zum ersten Mal getroffen. Gehei- ratet haben wir in Lindaus Altem Rat- haus, einem gotischen Gebäude mit schönem Treppengiebel. Aber zurück zum Park: Ich wohne hier gleich ums Eck. Wenn meine 18-jährige Tochter zu Besuch kommt, picknicken wir gern auf der Wiese und machen anschließend eine kleine Tour mit meinem SUP-Board.

Nebenan steht das Hotel Bad Scha- chen, auf dessen Terrasse man gut Eis- kaffee trinken oder abends fein essen kann. Wer nicht im See schwimmen mag, kauft sich einfach eine Tageskarte für das hoteleigene Strandbad mit beheiz- tem Pool. Das Strandbad Lindenhof im Stil der fünfziger Jahre ist dagegen kos- tenlos. Im »Lindi« kann man auch ein SUP-Board mieten, um das Ufer mit seinen alten Villen zu erkunden. Ich selbst sitze dort abends, wenn die meis- ten Badegäste gegangen sind, gern im Biergarten unter der großen Rotbuche und genieße beim Sonnenuntergang das Glitzern auf dem Wasser. ∎

Protokoll: Silvia Tyburski

1+2 | Schönes und Feines: Im
»Lade33« gibt es bei »Schoscha« Möbel,
Leuchten und Wohnaccessoires, aber
auch vegetarische Spezialitäten von
»DEYN« **3** | Der Bodensee ist ein perfektes
Revier für Segelboote und SUP-Boards

ANGELN

Zwei Millionen Deutsche angeln regelmäßig, etwa am Bodensee (rechts). Max Scharnigg hat ein Buch über seine Passion geschrieben, es heißt »Die Stille vor dem Biss«

Neun Jahre alt war **Max Scharnigg,** als sein Vater ihn das erste Mal mitnahm, um die Rute auszuwerfen. Dass nichts anbiss, störte ihn nicht, und so ist es bis heute geblieben. Beim Angeln zählt für den Schriftsteller und Journalisten etwas ganz anderes

Als Angler werde ich ständig gefragt, ob ich was gefangen hätte. Meistens sage ich nein, und meistens entspricht das auch der Wahrheit. Das sorgt dann immer für Mitleid oder aufmunternde Worte. Aber das ist ganz unnötig, denn ein Angeltag ist keineswegs vergeudet, wenn man am Ende nichts für den Grill hat. Ehrlich gesagt, je länger ich dieser Passion anhänge, desto egaler ist mir sogar, was die Fische heute wieder für ein Problem mit meinen Ködern hatten. Das, worum es beim Angeln wirklich geht, bekomme ich nämlich trotzdem, denn es ist viel einfacher zu erwischen als ein vorsichtiger Zander. Es ist allerdings nicht ganz einfach in Worte zu fassen.

Zunächst mal, Angler sind Grenzgänger. Wir drücken uns am Ufer herum, müssen zwanghaft immer in der ersten Reihe zum Horizont stehen. Wir klettern immer bis zur Spitze einer Buhne oder balancieren an Gebirgsbächen entlang zur nächsten Gumpe. Wir haben so einen kindlichen Drang, ans Wasser zu kommen, nur dass wir dann keine Steine reinwerfen, sondern unsere Angeln. Die Verheißung eines eigenen Stückchen Ufers führt uns auf Wege, die ein Spaziergänger nicht beachtet hätte: Ist da eine kleine Lücke im dichten Schilf, wo schon mal einer saß? Ist das ein Wildwechsel oder ein Anglerpfad, der durch den Auwald zu den versteckten Altwassern führt? Angler sind unentwegte Pfadfinder, Wasserschnüffler, Stegbauer. Ob

Jeder Wellenschlag kann
für den Angler ein Zeichen
sein, dass möglicherweise
bald ein Fisch anbeißt.
Deshalb wird unserem
Autor dabei nie langweilig

Meer oder Karpfenweiher – dieser Hang zum Rand ist für mich eigentlich das Beste an der ganzen Sache. Man sucht jeden Tag einen Ort, an dem man die Welt im Rücken hat und nur noch Wellen vor sich.

Das ist dann der perfekte Platz für die, äh, aktive Meditation, die das Angeln ist. Auch so eine Sache, die Nichtangler schwer verstehen: Angeln ist nicht langweilig. Im Gegenteil, würde ich einfach so auf einer Bank am See sitzen, dann wäre mir nach einer halben Stunde langweilig. Das Nichtstun und meine eigene Egalheit in der Landschaft würden mich unruhig machen. Habe ich aber zwei Angelruten neben mir, kann ich den ganzen Tag dort ausharren und bin dabei wirklich bestens unterhalten – auch wenn sich an den Schnüren selbst überhaupt nichts rührt. Sie sind im Grunde nur ein Vorwand, um Hunderte Stunden exponiert am Wasser zu verbringen. Und sie sind sozusagen Geschmacksverstärker. Sobald ich angle, nehme ich die Umgebung viel intensiver wahr. Denn ich will ja jetzt was von diesem Wasser, und alles könnte einen Hinweis darauf geben, wie ich meinem Ziel näherkomme. Angler sind aufmerksame Beobachter, denn alles hängt irgendwie am Ende mit den Fangaussichten zusammen, sei es der Wasserstand oder die Mondphase, welche Mückenlarven auftauchen oder wie die Haubentaucher jagen. In der Natur bezieht sich alles aufeinander, und der stille Jäger am Ufer wird ein Teil des uralten Systems. Es ist ruhig, man hört den sachten Wellenschlag oder das stete Rauschen des Flusses, man ist immer sehr klein, am Rand des Wassers, und es liegt immer unendlich geheimnisvoll vor einem, auch wenn es nur der alte Löschweiher im Dorf ist.

Von all diesen Aspekten abgesehen, ist das Angelngehen ein erstklassiger Anlass, den ganzen Tag jenseits der Stadt zu verbringen. Es ist vielleicht nicht Klettern oder Fallschirmspringen, aber extrem draußen ist es schon. Und jede Stunde in der Natur hat einen anderen Zauber, es gibt da ja keinen Stand-by-Modus, nichts ist genauso wie am Tag davor. Auch wenn ich nichts fange, habe ich deshalb immer ein paar besondere Momente gesammelt. Der erste Streifen Tageslicht überm See, ein imposanter Gewitterregen, die seltsamen Muster, die Windböen in die Wasseroberfläche zeichnen oder die Minute, in der auf ein unsichtbares Signal hin die Maifliegen aufsteigen. Das alles würde auch ohne mich passieren, aber weil ich am Ufer sitze, weil ich Zeit habe, zu schauen, passiert es für mich. Und weil Angler nicht sehr gesellig sind, müssen sie solche Beobachtungen und Glücksmomente meist ganz alleine mit sich ausmachen. Das schult die eigene Balance, und es kommt eben einem meditativen Zustand sehr nahe.

Ich habe wahrscheinlich nichts gefangen, wenn ich angeln war. Aber das, was ich wollte, habe ich trotzdem bekommen. Und irgendwie werde ich sogar satt davon. ◾

Die ganze Welt im Rücken

So fühlt sich unser Autor, wenn er am Ufer steht. Für alle, die das nachempfinden möchten, haben wir schöne Angelstellen und -ausflüge zusammengestellt

Lahn

Auf ihrer Reise von der Quelle im Rothaargebirge bis zur Mündung in den Rhein fließt die Lahn eher langsam – perfekt für Karpfen. Aber auch viele andere Fische wie Hechte und Aale fühlen sich etwa unter den im Wasser stehenden Bäumen wohl. Gute Spots, um die Rute auszuwerfen, am besten eine lange Spinnrute, finden sich etwa in Rheinland-Pfalz bei Diez und Balduinstein – eine hohe Chance auf einen mächtigen Zander hat man an der Schleuse Hollerich.
daslahntal.de/info/infosystem/Angeln-an-der-Lahn_Diez/poi.html

Bodensee

Bei den Ausmaßen des Sees sind die vielen Fischarten gar nicht so leicht zu finden. Als Erstes sollte man als Besucher ohnehin bei der nächsten Tou-

rist-Information anklopfen, um sich in dem Wirrwarr an Regelungen die richtige Angelerlaubnis zu sichern. Die Flussmündungen wie die der Argen sind hervorragende, aber beliebte Angelstellen, die Promenaden eignen sich ebenfalls gut, um Felchen, Barsche oder Seeforellen, deren Bestände hier zunehmen, an Land zu ziehen.
angeltests.de/angeln-am-bodensee

Müritz

Mehr als 50 Fischarten tummeln sich in der Müritz und den sie umgebenden Gewässern der Mecklenburgischen Seenplatte. Vom Ufer aus hat man allerdings bescheidene Aussichten, einen großen Raubfisch an den Haken zu bekommen, dafür muss man hinaus aufs Wasser. Gute Chancen auf einen Barsch hat man nahe den Unterwasserbergen, auf Hecht

und Zander an den Steinbänken. Noch einmal höher ist die Erfolgswahrscheinlichkeit mit einer Tour, etwa von Angeltouren Mirow.
angeltouren-mirow.de

Hamburg Hafencity

Noch gar nicht so lange ist es her, da galt die Vorstellung, mitten in der Großstadt die Rute auszuwerfen – in der Hoffnung, wirklich etwas zu fangen, und nicht nur, um sich die Zeit zu vertreiben – noch als absurd. Doch nun nimmt das »Streetfishing« in deutschen Städten immer mehr zu. In Hamburg trifft man Angler vor allem in der Hafencity. Ein besonders guter Spot, um etwa einen Butt aus der Elbe zu fischen, ist der Baakenhafen.
hamburg.de/wassersport

Fehmarn

Sowohl an der Nord- als auch der Ostsee kann der Traum vom erfolgreichen Hochseeangeln in Erfüllung gehen, in vielen Häfen starten Kuttertouren für Angler – zum Beispiel im Fehmarner Hafen Burgstaaken, von dem die »MS Karoline« bis zur Wismarer Bucht und zum Langeland Belt fährt, damit ihre Passagiere einen Dorsch fangen können. Leihangeln gibt es an Bord, acht Stunden dauert der Tagesausflug, der 45 Euro kostet.
hochseeangeln.com

Edersee

Nicht nur in natürlichen Gewässern lässt es sich gut angeln: Dieser durch die 1914 fertiggestellte Edertalsperre entstandene Stausee in Nordhessen gehört zu den fischreichsten Wasserflächen Deutschlands. Besonders bei Raubfischanglern ist der Edersee beliebt, Hechte mit einem Gewicht von über 30 Pfund sind hier keine Seltenheit. Im Frühjahr finden sich viele Fische im Flachwasser, im Sommer im Freiwasser und im Herbst in den tieferen Zonen des Sees. Boote kann man etwa bei Edership mieten.
edership.de

Im Durchschnitt nur vier Meter tief, aber an manchem Morgen einfach bodenlos schön: die Lahn

Die Perle im Pott
DUISBURG

Köln hat den Dom, Düsseldorf seine Königsallee – und Duisburg?
Hat den **größten Binnenhafen Europas.** Wo Rhein und Ruhr sich treffen,
wird nicht nur hart gearbeitet. Hier ist auch Platz für Kunst und Magie

TEXT **SILVIA TYBURSKI**

Rote Welle am Kai: Das Landesarchiv NRW hat in Duisburg einen Bau der Extraklasse bezogen, der 160-Meter-Neubau ist nur ein Teil des Komplexes, daneben wurde ein historischer Speicher durch einen 76 Meter hohen Archivturm erweitert. Vollmond über den Kränen: Containerterminal in Ruhrort

Der moderne Meeresgott hat seinen Platz auf einer Insel im
Binnenhafen: Markus Lüpertz schuf »Echo des Poseidon«, eine elf Tonnen
schwere Bronzeskulptur auf der Mercator-Insel in Duisburg-Ruhrort

Woran denkt er wohl gerade, dieser bärtige, überlebensgroße Kerl mit zerfurchtem Gesicht und braunen Wuschelhaaren, der da ein wenig ernst rheinabwärts schaut? Ob man nun einen Ausflug per Schiff macht oder den Duisburger Hafen mit dem Fahrrad entdeckt – die mit Sockel fast zehn Meter hohe und elf Tonnen schwere Bronzeskulptur »Echo des Poseidon« auf der Mercator-Insel im Stadtteil Ruhrort wird man nicht übersehen. Dort, wo der Vinckekanal in den Rhein fließt, grüßt er, so die Idee des Düsseldorfer Bildhauers und Malers Markus Lüpertz, den großen Strom und seine von Süden kommenden Schiffe. Was der Meeresgott je nach Perspektive und Lichteinfall mal nachdenklich, mal mürrisch, mal mit einem angedeuteten Lächeln tut.

Vor allem wenn man Duisburg mit dem Fahrrad entdeckt, merkt man bald, wie reich diese Stadt an öffentlicher Kunst ist – mehr als 80 Werke sind es insgesamt, die Hälfte davon steht in den Hafenvierteln Ruhrort, Kaßlerfeld und Rheinhausen. Das wohl mit Abstand beliebteste findet man nur 400 Meter vom Poseidon entfernt am Kilometerpunkt 780, wo die Ruhr in den Rhein mündet und auch der Ruhrtal-Radweg endet: Die leuchtend orange, 25 Meter hohe Stahlstele »Rheinorange« des Kölner Künstlers Lutz Fritsch überragt Poseidon mit ihrer schieren Größe und Strahlkraft. Farbe und Form erinnern an eine glühende Bramme – so heißen

die Stahlblöcke in den Fabriken, bevor sie weiterverarbeitet werden.

Seit 1992 steht das »Rheinorange« am Ufer wie eine Hommage an die Zeit, als die großen Stahlhütten noch Ruhrpott-Geschichte schrieben; es ist Teil der Sammlung des Lehmbruck Museums, das ein paar Kilometer weiter in der Nähe des Jachthafens im Zentrum liegt. Der Titel des Werks spielt mit dem Namen der Farbe, in der es gestrichen ist, damit man es auch noch in der Dämmerung weithin sehen kann: Reinorange. Und obwohl es beinahe abstrakt wirkt, ist das »Rheinorange« tief im Herzen der Duisburger verankert. Wohl auch, weil Arbeiter von Krupp in Duisburg-Rheinhausen unter denen waren, die dieses Kunstwerk Anfang der 1990er zusammenschweißten, just während ihr Stahlwerk abgewickelt wurde. Noch bevor es am Rheinufer stand, identifizierten sie sich mit der Stele, bei Protestmärschen gegen die Hüttenschließung trugen sie eine Miniversion auf einer Stange vor sich her, »fast wie bei einer katholischen Prozession«, erzählt Fritsch. »Und als es zum 25-jährigen Jubiläum des ›Rheinorange‹ ein Bürgerfest gab, sagte eine Frau zu mir: ›Mein verstorbener Mann hat daran mitgearbeitet.‹«

Industriebrachen und schmuddelige Straßenzüge wie in den Duisburger »Tatort«-Folgen mit Raubein Schimanski – das sind noch immer die Bilder, die Menschen im Kopf haben, wenn sie an Duisburg und seinen Hafen denken. Auch deshalb fahren Ausflugsbusse von den neuen Anlegestellen für Flusskreuz-

»Rheinorange« in Reinorange: Die 25 Meter hohe Stahlstele von Lutz Fritsch steht an Rheinkilometer 780. Sie ist nicht nur Teil der Skyline geworden, sondern auch Symbol für Duisburgs Geschichte. Form und Farbe erinnern an die glühenden Brammen in den Stahlhütten des Reviers

Ein Hafen mit gigantischen Dimensionen. 3,6 Millionen Container werden hier im Jahr umgeschlagen

Drehscheibe Duisburg: Manche Schiffe machen nur eine Ehrenrunde nach dem Hafenfest wie die »George Stephenson« aus Rotterdam, die dabei ihre höllisch laute Dampfsirene anwirft, andere verschiffen Stahl, Autos und Container über Rotterdam nach Fernost. Logport 1 in Rheinhausen (rechts) ist mit 265 Hektar das größte der sechs Hafenareale

Feiern an und auf dem Wasser: Das
»Hübi« in Ruhrort ist gut für jede Art
von Hafen-Jam. Gediegener geht's auf
der »Oscar Huber« zu. Das Museumsschiff am Leinpfad im Vinckekanal ist
heute gefragte Hochzeits-Location

fahrtschiffe in Ruhrort an der Mühlenweide oft
gleich weiter nach Düsseldorf, Köln oder zur Zeche
Zollverein in Essen. Dabei ist der 300 Jahre alte
Duisburger Hafen nicht nur der größte Binnenhafen
Europas und das westliche Ende der neuen chine-
sischen Seidenstraße. Er hat neben Kränen, alten
Backstein-Speichern, hünenhaften Containerbrü-
cken und außergewöhnlicher Kunst auch einmalige
Orte am Wasser zu bieten.

Klar, für Badestrände ist der Rhein hier zu gefähr-
lich – auch wenn im regenarmen 2018 der Pegel hier
bis auf 1,53 Meter fiel, nie gesehene Sandbänke im
Flussbett auftauchten und Menschen mit hochge-
krempelten Hosen mittendrin standen. Statt einer
Badebucht hat Duisburg ein Ruhrpott-Pendant zur
Blauen Grotte von Capri – nicht aus Fels, sondern
aus Beton: ein früherer Treppenabgang im alten
Werfthafen, den die Künstlerin Heide Weidele leuchtend blau gestaltet hat und der abends angestrahlt
wird. Der denkmalgeschützte Hafenbereich ragt
heute in die Halbinsel Ruhrort hinein wie eine Sichel,
früher war es ein Ring, damit die Schiffe nicht wenden mussten.

»Mein absoluter Lieblingsort«, sagt Peter Jacques
von der Kulturinitiative Kreativquartier Ruhrort.
»Ich liebe die Stille dort. Ich habe da sogar schon
Eisvögel gesehen.« Um hinzukommen, braucht man
ein Boot, auch manche Hafenrundfahrten führen
daran vorbei. Auch ohne Boot kann man die »Blaue
Grotte« abends von der Hafenstraße aus sehr gut
sehen. Am besten, empfiehlt Jacques, setze man sich

auf die nette Terrasse der Aral-Tankstelle. »Der
Blick auf die Grotte von da ist großartig. Und sie
machen gar keinen üblen Kaffee.«

Außerdem, sagt er, könne man nirgendwo sonst
im Pott einen so schönen Sonnenuntergang
sehen wie bei ihnen in Ruhrort, der Keimzel-
le des Duisburger Hafens. Am weitesten sei der Blick
am Leinpfad, wo der alte Radschleppdampfer »Oscar
Huber« vor der früheren Schifferbörse liegt, wo die
Möwen rufen und die Mehlschwalben zwitschern. So
romantisch ist der Ort, dass Paare sich auf der »Oscar
Huber« trauen lassen. »Schön is' dat!«, sagt Dirk
Hübertz, von dessen Kneipe »Zum Hübi« man nicht
nur Poseidon und »Rheinorange«, sondern auch die
»Oscar Huber« samt Brautpaaren sehen kann – und
die tief im Wasser liegenden Containerschiffe, die
weiter nach Rotterdam und in die ganze Welt fahren.

Dirk Hübertz und sein Lokal sind für viele das
Herz des Hafens. Der 55-Jährige hat eine Schlos-
ser-Lehre bei Thyssen gemacht, und weil er vor der
Rente noch ein bisschen was erleben wollte, be-
schloss er mit Anfang 30, eine Kneipe zu eröffnen,
die heute in der »Horst-Schimanski-Gasse« liegt. Bei
ihm treffen sich tagsüber Ausflügler und abends die
Einheimischen auf eine Currywurst mit selbst ge-
machter Soße. Auch Gästeführerin Dagmar Dahmen kehrt mit ihren Gruppen oft bei »Hübi« ein und
erzählt den Besuchern von den legendären Zeiten,
als Ruhrort noch ein wohlhabender Stadtteil war –
wenn auch nicht mit dem allerbesten Ruf. »Früher«,

Duisburgs Antwort auf Capri: Beton statt Fels und ein spektakulär leuchtendes Blau.
Die »Blaue Grotte« von Heide Weidele entstand 1994 im denkmalgeschützten Ruhrorter
Werfthafen und wurde 2014 restauriert

Über 40 Kilometer zieht sich der Hafen am Rhein entlang, er markiert das
Ende der neuen chinesischen Seidenstraße. Der Name des Kunstwerks, das hinter dem
Logport 2 aufragt, wirkt da fast metaphorisch: »Tiger & Turtle«

sagt sie, »war die Schifffahrt noch nicht so durchge-taktet wie heute. Da lagen die Binnenschiffe zwei, drei Tage im Hafen, und die Lotsen und Matrosen ließen ihre Heuer in den vielen Geschäften des Vier-tels. Oder bei einem Mädchen im Hinterzimmer der Kneipe ›Tante Olga‹.« Udo Lindenberg, der Anfang der 1960er in Düsseldorf seine Kellner-Lehre mach-te, habe in Duisburg-Ruhrort bei »Tante Olga« den Underground kennengelernt. Mehr als 100 Gast-stätten habe es früher im Viertel gegeben, in man-chen Schifferkneipen, erzählt Dirk Hübertz, »muss-test du aufpassen, dass du keinen Bierkrug an den Kopf kriegst«.

Heute ist das Viertel bunt gemischt, Arm und Reich sind hier noch nicht in verschiedene Welten abgedriftet. »Das ist hier wie auf dem Dorf. Man trinkt sein Bier in denselben Knei-pen, kauft in denselben Läden ein.« Die Arbeitslosen genauso wie die Leute mit Schlips, die einen guten Job bei Haniel haben, einem Welt-Konzern, der vor 260 Jahren als Kolonialwarenhändler und Reederei anfing und seinen Sitz noch immer in Ruhrort hat. Dahmen mag die herzliche, offene Art der Ruhrorter. »Einmal hielt ein älterer Herr am Neumarkt neben meiner Gästegruppe auf Schimmi-Tour an. Der stell-te seine Einkaufstüten ab, hörte zu und erzählte dann: ›Die haben bei uns zu Hause gedreht! Dat Aquarium im Hintergrund war von meinem Vatter!‹ Und dass Götz George in einer Drehpause in seinem

Ehebett ein Nickerchen gemacht habe, weil der hier am Abend vorher noch feiern gewesen war.«

Weil man hier im Viertel noch bezahlbare Woh-nungen mit Rhein- oder Kanalblick finden kann, ziehen jetzt immer mehr Familien her. Viel sauberer und grüner sei es in den vergangenen Jahren gewor-den, findet Dirk Hübertz. Manchmal fahren er und seine Freundin über die Friedrich-Ebert-Brücke in den Stadtteil Homberg gegenüber, um in den Rhein-wiesen spazieren zu gehen. Eine andere Lieblingstour der beiden führt vom Leinpfad nordwärts bis zur Rheinaue Walsum, ein gut 550 Hektar großes Natur-schutzgebiet, das an Logport VI grenzt, dem nörd-lichsten Zipfel des Containerhafens. Schafe und Kühe weiden dort, in den Feuchtwiesen finden Aus-ternfischer und Störche Nahrung, und Tausende ark-tische Wildgänse rasten hier jedes Jahr auf ihrer Reise ins Winterquartier.

Immer neue Radwege gebe es jetzt in Duisburg, sagt Hübertz. Eine dieser Strecken führt als knapp 50 Kilometer lange Rundtour durch verschiedene Teile des Duisburger Hafens, der sich 40 Kilometer entlang der Uferlinie zieht – von Ruhrort im Norden über Kaßlerfeld und die Altstadt im Zentrum bis nach Rheinhausen im Süden. Die Tour führt von Ruhrort nach Homberg mit seinen alten Treidelpfa-den, auf denen Pferde früher die Kähne über den Rhein zogen, und durch Flussauen weiter nach Rheinhausen zu Duisburgs größter Logistikdreh-scheibe Logport I. Von hier reisen einige der

Entdecke grenzenlose Schönheit

Jetzt Reise
buchen und
Saarschleife
besuchen:
www.urlaub.saarland

SAARLAND

DAS LAND
DER GRENZENLOSEN
ERLEBNISSE

Foto: © Andreas Treitz

Kunst statt Korn: Die alte Getreidemühle zeigt Werke von Künstlern wie Baselitz und Richter. Vierbeiner statt Autos: Wenn die Schafe im Frühjahr von den Ruhr- an die Rheinwiesen wechseln, steht der Verkehr auf der Friedrich-Ebert-Brücke still

Duisburg ist eigenwillig. Macht Kultur und Natur dort möglich, wo man sie nicht vermutet

3,6 Millionen Container, die jedes Jahr im Hafen umgeschlagen werden, über Moskau bis ins fast 8000 Kilometer entfernte Xi'an, 20000 Züge und 25000 Schiffe werden pro Woche abgefertigt.

Logport I wurde dort gebaut, wo früher das Werk von Krupp Industrietechnik stand. An dessen große Zeit erinnert die Beamtensiedlung Bliersheim mit ihren rund 120 Jahre alten Villen im englischen Landhausstil, in denen bis in die 1960er Jahre die leitenden Angestellten der Kruppwerke wohnten. Der Hafen-Rundweg macht auch hierher einen Abstecher. Zurück auf der östlichen Rheinseite, führt er nach Norden durch die Felder von Mündelheim, vorbei an der achterbahnförmigen Skulptur »Tiger & Turtle« und dem Rheinpark, wo man barfuß über ein Stück Strand gehen und dabei den Schiffen nachschauen kann.

Auf den letzten Kilometern türmen sich am Innenhafen und seiner schmalen Marina die sieben Stockwerke der Küppersmühle mit ihrer denkmalgeschützten Backsteinfassade und einem mehr als 40 Meter hohen, ehemaligen Getreidesilo auf. Getreide wird hier schon seit den frühen 1970er Jahren nicht mehr verarbeitet, doch abgerissen hat man sie dank einer Bürgerinitiative nicht. Und das ist ein Glück. Seit 1999 beherbergt die Küppersmühle in ihren bis zu sechs Meter hohen Räumen Werke von namhaften Künstlern wie Gerhard Richter, Georg Baselitz und Anselm Kiefer. Ebenso eindrucksvoll ist das schneckenhausförmige Treppenhaus aus terrakottafarbe-

nem Beton, das im Schweizer Architekturbüro Herzog & de Meuron entworfen wurde. Im September 2021, so hofft Museumsdirektor Walter Smerling, soll endlich der Erweiterungsbau samt Dachterrasse mit 360-Grad-Blick eröffnet werden. Von dort oben, schwärmt er, sieht man diese blaue Stadt, »die vom Wasser verbunden, geteilt und wieder zusammengeführt wird«. Sogar bis Bottrop reiche der Blick.

Wie das aussieht, erahnt man, wenn man sich eines der »Sundowner«-Videos der Duisburger DJs Eric Smax und Andy Dexter anschaut. Die beiden spielten während der Pandemie zum Sonnenuntergang an Duisburger Orten wie der »Tiger & Turtle«-Skulptur, der Sechs-Seen-Platte und auch am Hafen und stellten die Filme ins Netz. Nicht nur, weil die Clubs geschlossen waren. Sondern auch, sagt DJ Smax, der eigentlich Erich Schmeicher heißt, »um zu zeigen, wie schön und cool und romantisch diese Stadt sein kann«. In ihrem Video von der Dachterrasse der Werhahnmühle im Innenhafen – auch sie gerettet von Duisburger Bürgern – sieht man, wie die Sonne den Himmel über Rhein und Ruhr in die schönsten Farben taucht: Zartes Rosa, glühendes Orange und tiefes Violett strahlen über der Stadt und ihrem Hafen. ∎

Silvia Tyburski hat besonders das Hafenviertel Ruhrort für sich entdeckt. Ihr Buchtipp für alle, die Duisburg kennenlernen möchten: der Roman »Ruß« von Feridun Zaimoglu (Kiepenheuer & Witsch).

Genieße grenzenlosen Geschmack

Jetzt Reise buchen und Regionales probieren:
www.urlaub.saarland

SAARLAND

DAS LAND
DER GRENZENLOSEN
ERLEBNISSE

Foto: © Gregor Lengler

Wo Schimmi zu Hause ist ...

... sind die Nächte am Hafen lang und die Kneipen gemütlich und echt. Duisburg ist keine Stadt der schönen Fassaden, aber eine mit Tiefgang und Herzlichkeit

Ruhrorter Hafenfest

Die größte Party der Stadt steigt im Sommer am Ruhrorter Hafen. Auf Bühnen gibt's Livemusik, abends wird ein Feuerwerk gezündet. Historische Frachter und Dampfer kommen allein dafür nach Duisburg – das nächste Mal hoffentlich vom 20.-23. August 2021.

ruhrorter-hafenfest.de

Mit Rad in den Pott

In Duisburg endet der Ruhrtal-Radweg, der von der Quelle bei Winterberg 240 Kilometer vom Sauerland bis ins Ruhrgebiet führt.

ruhrtalradweg.de

Museum der Deutschen Binnenschifffahrt

Seit 1998 zeigt das Museum seine Exponate rund um das Thema Binnenwasserstraßen in der ehemaligen Jugendstil-Badeanstalt Ruhrort. Besonders eindrucksvoll: Im Zentrum liegt der holländische Frachtsegler »Goede Verwachting« von 1913 samt gesetzten Segeln. Wichtigstes Exponat ist der am Leinpfad vertäute Radschleppdampfer »Oscar Huber«. Das knapp 100 Jahre alte Schiff zog früher Frachtkähne auf dem Rhein und entging in den 1950er Jahren knapp der Verschrottung.
Apostelstr. 84
binnenschifffahrtsmuseum.de

Museum Küppersmühle für Moderne Kunst

Schon das Gebäude ist ein Werk für sich. Ende der 1990er gestalteten die Architekten Herzog & de Meuron die alte Mühle zum Museum um, zu sehen ist dort Kunst nach 1950, neben Gerhard Richter, Georg Baselitz, A. R. Penck und Anselm Kiefer ist auch Markus Lüpertz vertreten, der das »Echo des Poseidon« auf der »Mercator-Insel« im Hafen schuf. Für September 2021 ist die Eröffnung des Erweiterungsbaus geplant – und eine Andreas-Gursky-Ausstellung.
Philosophenweg 55
museum-kueppersmuehle.de

Kultur- und Stadthistorisches Museum und Salvatorkirche

Im Mittelalter verlagerte sich der Lauf des Rheins, sodass der Stadtkern eine Zeit lang am Dickelsbach lag und über einen Kanal mit der Ruhr verbunden war. Als Duisburg wuchs, gehörte der Rhein wieder zur Stadt. Dies und viel mehr lernt man im Duisburger Stadtmuseum am Innenhafen, das in einem alten Getreidespeicher untergebracht ist. Ein Trakt ist Gerhard Mercator (1512-1594) gewidmet, der mit seinen Karten und Globen die Seefahrt entscheidend geprägt hat. Der in Flandern geborene Mercator zog 1552 ins damals vergleichsweise liberale Duisburg und arbeitete hier bis zu seinem Tod. Seine Grabstätte befindet sich in der gotischen Salvatorkirche am Burgplatz.
Johannes-Corputius-Platz 1
stadtmuseum-duisburg.de

Garten der Erinnerung

Der kürzlich verstorbene israelische Künstler Dani Karavan erschuf aus einem alten Industriegebiet am Jachthafen einen Park, der Industrie-Relikte in eine Grünfläche einbettet. Reste einer Lagerhalle, aus der ein Baum wächst, überwucherte Mauerreste, halb abgerissene und weiß getünchte Häuser oder eine historische Industriewaage: All das fügt sich zu einem Landschaftskunstwerk zusammen. Radfahren und Picknicken ist hier erlaubt. »Meine Arbeiten entstehen in der Regel, um von Menschen benutzt zu werden. Ohne Menschen existiert meine Kunst nicht«, sagte der Künstler einmal. Der Garten schließt an das jüdische Gemeindezentrum mit der Synagoge an.
Philosophenweg 9

ESSEN UND TRINKEN

Zum Hübi

Dirk Hübertz führt eine der beliebtesten Kneipen in Ruhrort. Jeden letzten Donnerstag im Monat ist »Hafen-Jam«. Ein festes Ensemble improvisiert, jeder darf mitjazzen.
Dammstr. 27, zum-huebi.de

Nudelgarten

Das Feinkostgeschäft in Ruhrort stellt Nudeln mit verschiedensten Kräutern, Gewürzen und Aromen her – von Brennnessel und Bärlauch über Curry bis hin zu Matcha und Kakao. Außerdem im Angebot: Pesto, Soßen, Antipasti, Öle und Weine.
Gildenstr. 16, nudelgarten.de

Ziegenpeter

Das gemütliche Restaurant am Rheinpark legt Wert auf Nachhaltigkeit und integriert Menschen mit Behinderung. Auf der Karte: Flammkuchen, Salate, Pasta und besonders lecker: die Platte mit Ziegenkäse-Variationen.
Liebigstr. 70, ziegenpeter-duisburg.de

TOUREN

Zu Fuß: auf Schimanskis Spuren

Dagmar Dahmen führt durchs Revier von »Tatort«-Kommissar Horst Schimanski. Zu den Stopps im Viertel Ruhrort zählt etwa seine Stammkneipe »Zum Anker«, die es tatsächlich gibt. Wer möchte, bucht die Tour mit Catering und genießt »Grillaschtorte« mit Sahne und Baiser im »Café Kurz«: typisch rheinisch, ziemlich mächtig.
Start ab Neumarkt, du-tours.de

Per Schiff: Hafenrundfahrt

Kapitän Walter Moser fährt mit der »Rheinfels« zwei Stunden durch den Hafen, vorbei am »Rheinorange«, dem Ruhrorter Containerterminal und der »Schrottinsel«, wo riesige Metallhaufen mit dem Schweißbrenner zerlegt, in der Schrottmühle zerrissen und wiederverwertet werden. Die Tour »Vergessene Häfen« (3,5 Stunden) führt zum Logport 1 in Rheinhausen und Huckingen im Süden oder nach Walsum im Norden.
Start meistens ab Ruhrort Schifferbörse
hafenrundfahrt-duisburg.de

Musik auf dem Museumsschiff: Der Dampfer »Oscar Huber« (oben) ist Spielort beim Ruhrorter »Spelunken-Spektakel«, Schimmis Stammkneipe: »Zum Anker« ist nicht nur im »Tatort« ein Treffpunkt (unten)

48 STUNDEN IN

Stralsund

»Mädchen aus Stralsund« – mit diesem Song verneigt sich die Sängerin Anke Scheer vor der Liebe, dem Leben und auch vor ihrer Heimatstadt. In die kehrt sie nur zu gern immer wieder zurück

Ich bin für einen Mann nach Hamburg gezogen, aber mein Herz gehört Stralsund, ich liebe dort wirklich jeden Pflasterstein. Wenn ich nach einem Besuch in meiner alten Heimat wieder im Zug nach Hamburg sitze, bin ich oft ziemlich wehmütig.

Alle drei, vier Monate treffe ich meine Familie und gute Freundinnen, meistens übernachte ich bei meiner Freundin Randy. Wir haben uns während unserer Ausbildung zur Rechtsanwaltsgehilfin kennengelernt, ihr Sohn Joshua ist mein Patenkind. Bringe ich Freunde oder meinen Liebsten mit, schlafen wir in der Hafenresidenz, das ist neben dem Scheelehof mein Lieblingshotel. Früher war es einmal das Ordnungsamt, Randy und ich hatten dort häufiger beruflich zu tun. Vor ein paar Jahren wurde es zu einem Hotel umgebaut. Mein Stammzimmer ist die Nummer 48, von dort blickt man direkt auf den Strelasund.

Wenn man auswärts frühstücken möchte, ist das Café Pausch auf der Hafeninsel klasse, dort wurden einige der alten Backstein-Speicher in Restaurants und Cafés umgewandelt. Nur wenige Meter entfernt liegen gleich zwei der bekanntesten Stralsunder Highlights: die »Gorch Fock« und das Ozeaneum. Aber mein Herz schlägt mehr für das kleine, aber feine Meeresmuseum in der Alt-

stadt mit seinen bunten Fischen und dem Schildkrötenbecken. Im Moment wird es allerdings umgebaut. Dort und auch im Stralsunder Zoo war ich schon oft mit Joshua unterwegs. Ganz in der Nähe kann man im mittelalterlich hergerichteten Restaurant Wallensteinkeller an der Stadtmauer essen, gerne deftigen Schweinebraten mit Rotkohl – bei Kerzenschein und mit den Fingern. Wer lieber Fisch mag, dem empfehle ich Zur Kogge. Dort servieren sie Stralsunder Spezialitäten wie überbackenen Heilbutt oder Fischsoljanka. Die Bedienung wirkt manchmal etwas wortkarg, aber so sind die Stralsunder: anfangs etwas kühl, aber am Ende sitzt du mit denen bei einem Schnaps zusammen und schnackst.

Zu einem Heimatbesuch gehört für mich ein Spaziergang durch die Brunnenaue, das ist ein Park am Knieperdamm nordwestlich der Altstadt, wo ich aufgewachsen bin. Der Springbrunnen und der mächtige Ginkgobaum dort haben mich schon als kleines Mädchen sehr beeindruckt. Mit dem Rad kann man von dort aus zur Sundpromenade fahren. Das mag ich, weil es dort grün und noch ziemlich unerschlossen ist. Es gibt keine Fischbuden, Karussells und anderes touristisches Geblinke, dafür einen schönen Blick rüber nach Rügen. Sowieso ist der süßsauer eingelegte Hering der

Anke Scheer, 1981 geboren, trat schon in ihrer Schulzeit in Stralsund als Sängerin auf. Später nahm sie erfolgreich an der Castingshow »Popstars« teil, heute arbeitet sie als Sängerin und Rednerin. Mit »Mädchen aus Stralsund« landete sie 2020 einen Ostsee-Sommerhit, das Video dazu drehte sie mit ihren Freundinnen am Deviner Ufer im Süden der Stadt.
www.liebekannmansingen.de

Maritim bis ins Mark: Vom Wasser aus wirkt es, als würden die Masten der Jachten an der Nordmole die Türme der Nikolaikirche am Alten Markt überragen. Die gilt als Meisterwerk der Backsteingotik und Schmuckstück der stolzen Hansestadt

Eine Stadt mit Insel-Gefühl –
und das nicht nur, weil
die Brücke über den Strelasund
direkt nach Rügen führt

Fischereigenossenschaft Strelasund am allerbesten, den kann man sich dort direkt abholen, man bekommt ihn aber auch in den Supermärkten der Stadt.

Am Ufer führt ein Weg nach Süden weiter in Richtung Hafeninsel, wo man im Goldenen Anker ein Stralsunder probieren sollte – das ist ein nicht all zu bitteres Bier, das sogar mir schmeckt. Von dort ist es nicht weit bis zur Anker Werkstatt, einem Club, wo man gleich weiterfeiern kann. Die spielen viel alternativen Rock, nicht unbedingt meine Musik, aber ich mag die Atmosphäre und die Leute da. Sie nehmen dich so, wie du bist, egal, ob du im Paillettentop oder im Schlabber-T-Shirt auftauchst. Und vor allem: Wenn du dann bis fünf Uhr getanzt oder am Tresen gesessen hast, kannst du dich noch für ein paar Minuten an die Kaimauer setzen und dir den Sonnenaufgang anschauen.

Natürlich hat Stralsund auch jede Menge Geschichte zu bieten, die Altstadt gehört seit 2002 zum UNESCO-Weltkulturerbe. Am besten lässt man sich einfach durch die vielen kleinen Gassen treiben, etwa die Badstüberstraße. Einen klasse Blick hat man vom Turm der St.-Marien-Kirche am Neuen Markt. Der Alte Markt ist dann nur zehn Minuten zu Fuß entfernt, dort liegen St. Nikolai, Stralsunds älteste Kirche, und das wunderschöne Rathaus im gotischen Stil. Das Gründungsdatum der Stadt kann

man sich übrigens prima merken: 1234. Für eine Sightseeing-Pause empfehle ich den Goldenen Löwen schräg gegenüber. Ich habe es schon als Kind geliebt, dort zu sitzen und zuzuschauen, wenn die Brautpaare aus dem Standesamt im Rathaus herauskamen.

Die Stralsunder sind ziemlich stolz auf ihre vielen schönen Kirchen – die großen Pfarrkirchen genauso wie die kleinen Klosterkirchen, etwa am Johanniskloster. Zusammen formen sie die Stadtsilhouette, die man sich am besten vom Südwestzipfel der Insel Rügen anschaut. Der erste Ort, den man über die Rügendammbrücke erreicht, heißt Altefähr. Dort hatte meine Familie einen Schrebergarten mit Sommerhäuschen, im Sommer haben wir da oft wochenlang gewohnt. Ich bin mit dem Rad von dort aus zur Schule gefahren und nachmittags zusammen mit meiner Clique wieder zurück – und dann ging es ab an den Strand. Der ist schön ruhig und nicht so überlaufen – man muss allerdings mit ein paar FKKlern rechnen. Ich fahre immer noch sehr gern zum Baden dorthin oder um in der Eisdiele Altefähr vorbeizuschauen. Inhaber ist noch immer dasselbe Ehepaar wie vor 25 Jahren, und das Softeis mit Streuseln schmeckt wie früher. Es ist dort, als wäre die Zeit stehen geblieben. Aber auf eine gute Art. ∎

Protokoll: Silvia Tyburski

OZEANEUM

Es gibt wohl keinen besseren Ort, um die Unterwasserwelt der Ostsee, Nordsee und des offenen Atlantiks zu begreifen. Das Ozeaneum auf der Hafeninsel ist eine Dependance des Meeresmuseums, allerdings eine von immenser Größe. Auf der Dachterrasse leben Pinguine, das größte Aquarium des Hauses fasst 2,6 Millionen Liter, und durch das 50 Quadratmeter große Panoramafenster sieht man dort nicht nur Rochen, Barsche und Doraden, sondern auch verschiedene Arten von Haien, die hier sogar gezüchtet werden.
Hafenstr. 11, ozeaneum.de

ADRESSEN

Hafenresidenz Seestr. 10-13
hotel-hafenresidenz.de

Scheelehof Fährstr. 23-25
scheelehof.de

Pausch Hansebar Hafenstr. 11
pausch-gastronomie.de

Gorch Fock An der Fährbrücke
gorchfock1.de

Meeresmuseum Bielkenhagen 10
meeresmuseum.de

Wallensteinkeller Mühlenstr. 22

Zur Kogge Tribseer Str. 26
zur-kogge-stralsund.de

Fischereigenossenschaft Strelasund
Carl-Heydemann-Ring 91

Zum Goldenen Anker
An der Fährbrücke 8

Anker Werkstatt An der Fährbrücke 5

St. Marien Marienstr. 16

St. Nikolai
Auf dem St. Nikolaikirchhof 2

Rathaus Alter Markt

Goldener Löwe Alter Markt 1
goldener-loewe-stralsund.de

Johanniskloster Am Johanniskloster 35

Eiscafe Altefähr
Strandpromenade Altefähr

1| Showroom der Meeresgiganten im Ozeaneum 2| Im Best of Backsteingotik steht das Rathaus am Alten Markt ganz vorn 3| Mittelalterliches Ambiente trifft Komfort der Gegenwart: im Restaurant des »Scheelehof«

SEGELN

Ruhe auf den vorderen Plätzen: An der Fock, dem Vorsegel, konnte Autorin Inka Schmeling auch mal gemütlich ihre Auszeit genießen

Mitten in der Corona-Pandemie meldete sich **Inka Schmeling** zum Segelkurs an. Beim Wenden und Halsen auf der Hamburger Alster lernte sie, sich nach den Umständen zu richten. Und vergaß dabei sogar ihr Fernweh

Das mit dem Segeln war eine echte Aperol-Spritz-Idee. Mein Mann und ich saßen an einem Nachmittag in den Hamburger Maiferien auf einem Steg an der Alster, wir schauten zu, wie unsere beiden Kinder da draußen auf dem Wasser ihre kleinen Optimisten-Boote zu lenken lernten, und irgendwann sagte ich: »Das will ich seit Jahren lernen.« Und mein Mann: »Mach doch.« Wir hatten, wie gesagt, beide einen mittlerweile halb leeren Aperol Spritz vor uns stehen, also verabschiedete ich mich mit einem »Ich frag mal nach« und kam mit einem »Ich habe einen Segelkurs gebucht« wieder. An diesem Abend fühlte sich das an wie eine richtig gute Idee.

Eine Woche später, zurück auf dem Steg, hätte ich mich am liebsten davongeschlichen – schon ganz am Anfang, als der Segellehrer uns die wichtigsten Knoten erklärte und ich mir weder Namen noch die dazu entsprechen- den Handbewegungen merken konnte. Palstek, Schotstek, Rundtörn mit zwei halben Schlägen ... Wir, das war übrigens inzwischen neben mir noch meine Freundin Simone, die etwa ähnlich spontan beschlossen hatte, sich mir anzuschließen. Es wurde nicht so sehr viel besser, als wir dann an Bord gingen. Ablegten. Schnell noch was über Wenden, Halsen und Kreuzen zugerufen bekamen, über Am-Wind- oder Raumwindkurse. Und dann plötzlich nacheinander selbst die Pinne in der Hand hatten.

Knoten im Kopf? Beim Segeln muss man sich ganz auf den Moment konzentrieren. Aussteigen und aufgeben geht nicht. Es ist der perfekte Kurs für Krisenzeiten

»Wir schaffen das«, behauptete meine Freundin Simone nach dieser ersten Stunde und meinte damit das Segeln, aber irgendwie auch alles andere, was uns in diesem Mai 2020 bewegte: Corona, Lockdown, Homeoffice, Homeschooling, Homecooking. Seit Wochen versuchten wir das neue Normal für uns auszubalancieren; eigentlich brauchten wir festen Boden unter den Füßen. Nicht noch wackligeren.

Aber wir kamen wieder. Lernten Wenden und Halsen und irgendwann auch den Pal- und den Schotstek. Diese Abende auf der Alster wurden zu unserem Kurs durch die Krise: zwei Stunden, die wir nur zu zweit hatten. In denen wir uns ganz auf uns und das Boot konzentrieren mussten. Nicht Vokabeln abfragen, keine Videokonferenzen machen konnten. Zwei Stunden, in denen es nicht um Inzidenzwerte oder Ministerpräsidentenrunden ging. Selbst das Fernweh, unser Dauerbegleiter der letzten Monate, war in diesen Stunden ganz still; Segeln auf der Alster machte das Zuhausebleiben erstaunlich leicht.

Manchmal hatten wir Flauten und kamen kaum vom Fleck. Ein paar Mal lag unsere Jolle ganz schön schräg im Wind und einmal, da hatten wir richtig Angst. Der Wind kam in starken Böen und ständig aus anderen Richtungen; auf Innenstadt-Gewässern wie der Alster ganz normal, erklärte uns später der Segellehrer. Die umliegenden Straßen werden hier schnell zu Windkanälen. Da wurde mir erst so wirklich bewusst: Aus einem Segelboot kann man nicht einfach aussteigen und es stehen lassen, wenn man keine Lust mehr hat. Aufgeben ist keine Option. Zusammen haben wir es zurück in den Hafen geschafft, eine an der Pinne, die andere mantraartig die Manöver runterbetend. Elegant haben wir nicht angelegt, eher mit beherztem Rumms.

Aber danach saßen wir noch eine Weile am Steg, während das Adrenalin langsam verflog, und wir merkten, wie fest der Boden unter uns in Wirklichkeit doch war. Wenn man sich nur ein bisschen nach dem Wind, nach den Gegebenheiten richtet. Nicht aufgibt. Und eine gute Freundin an der Seite hat.

Und dann, naja, kam der Winter, und unser Segelverein schloss. Kurz vor Weihnachten, als der lange Lockdown Nummer zwei andämmerte, trafen Simone und ich uns noch einmal auf dem Steg, tranken einen Apfelpunsch, schauten auf die Alster. Dann kauften wir uns eine Zehnerkarte für die nächste Saison. Den ganzen Winter über habe ich die Karte in meinem Portemonnaie getragen. Ein Talisman und eine Erinnerung: Irgendwann wird alles wieder möglich sein. Und dass dieser lange Winter endlich vorbei war, das merkte ich spätestens, als am Pfingstsonntag die Mail unseres Segelvereins kam: Ab jetzt stehen die Boote wieder für uns bereit.

Selbst an der Pinne oder lässig an der Reling

Lieber als Passagier entspannen oder als Kapitän den Kurs vorgeben? Tipps für Törns durch die Brandung und Kurse für alle, die selbst Segel setzen wollen

Gute Schulen am See

Die Hamburger Außenalster misst stolze anderthalb Quadratkilometer und ist damit etwa so groß wie das Fürstentum Monaco. Ihre zentrale Lage und die bisweilen fordernden Winde machen sie zu einem idealen Gewässer, um das Segeln zu lernen – zum Beispiel in der Segelschule Käpt'n Prüsse, bei der auch MERIAN-Autorin Inka Schmeling ihre ersten Knoten auf dem Weg zum Sportführerschein Binnen zurrte. Kurse gibt es in vielen Variationen, kompakt am Wochenende, einmal wöchentlich oder in den Ferien für Kinder. Auch ein schönes Segelrevier: der Große Plöner See zwischen Kiel und Lübeck, die Segelschule Plön bietet dort Kurse an und verleiht Boote. Und natürlich kann man auch auf dem gigantischen Bodensee bestens segeln lernen. Am Ende des siebentägigen Kurses der Segelschule Kressbronn bekommt man das Bodenseeschifferpatent, das ganz einfach auf den Sportführerschein Binnen umgeschrieben oder als Grundlage für den Sportführerschein See genommen werden kann.

pruesse.de
segelschuleploen.de
segelschule-kressbronn.de

Mit Skipper raus aufs Meer

Wer keine Zeit hat, für den Sportführerschein See zu büffeln – oder sich einfach lieber zurücklehnen will –, bucht einen Segeltörn mit Skipper. Von Rostock und Warnemünde laufen die Schiffe von Sailing for you zu ein- oder mehrtägigen Törns auf der Ostsee aus. Auf die Nordsee kommt man mit Skipper etwa in einer Jolle von Südkap Surfing ab Hörnum auf Sylt.

sailingforyou.eu
suedkap-surfing.de

Mit der großen Flotte durch die Förde: Rund 100 Traditionssegler laufen aus bei der Windjammerparade der Kieler Woche – bisweilen mit Passagieren an Bord

In der Förde

...gibt es Konzerte, Theatervorstellungen, Lesungen – aber natürlich ist die Kieler Woche zuallererst einmal eine der größten Segelregatten der Welt. Höhepunkt ist alljährlich die Windjammerparade, 2021 findet die Kieler Woche wie schon im Jahr zuvor auf Grund der Pandemie statt im Juni im September statt.

kieler-woche.de

An der Ostsee

2021 feiert die Hanse Sail ihr 30-jähriges Bestehen. Besucher aus vielen Ländern zieht das immer am zweiten Augustwochenende in Rostock stattfindende Treffen von Museumsschiffen und -seglern an. Viele der historischen Kähne bieten Törns an oder können besichtigt werden.

hansesail.com

Über die Elbe

Der Hafengeburtstag am Wochenende um den 7. Mai ist Hamburgs größtes Volksfest. Zur Ein- und Auslaufparade schippern rund 300 Schiffe über die Elbe – und jeder kann zum Preis eines Nahverkehrstickets mit einer der Hafenfähren einfach mitfahren.

hamburg.de/hafengeburtstag

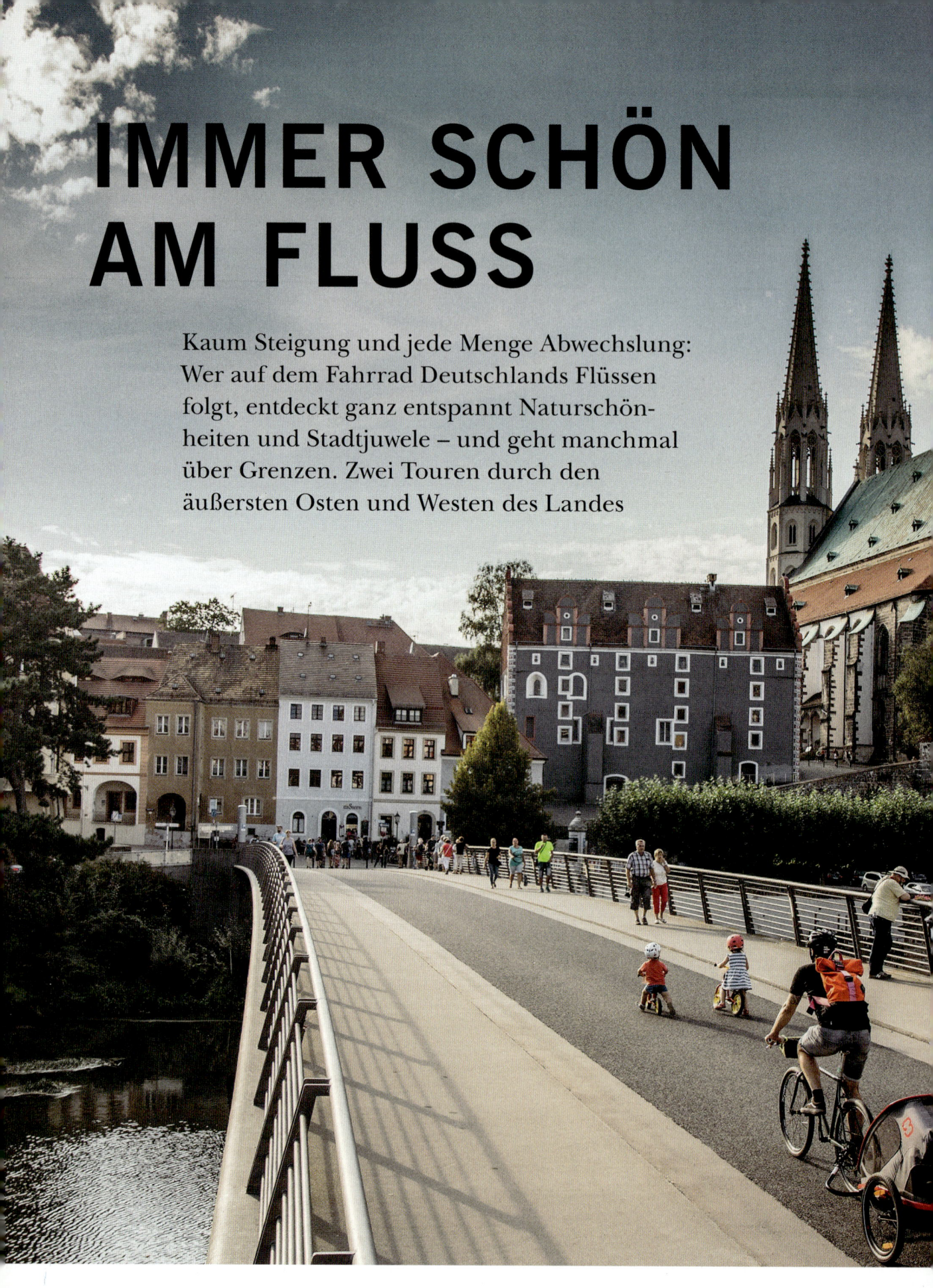

IMMER SCHÖN AM FLUSS

Kaum Steigung und jede Menge Abwechslung:
Wer auf dem Fahrrad Deutschlands Flüssen
folgt, entdeckt ganz entspannt Naturschönheiten und Stadtjuwele – und geht manchmal
über Grenzen. Zwei Touren durch den
äußersten Osten und Westen des Landes

Führt vom polnischen
Zgorzelec in die Altstadt
von Görlitz mit der
Kirche St. Peter und Paul:
die Altstadtbrücke

AN DER NEISSE
VON ZITTAU
BIS GÖRLITZ

Eigentlich war sie nur
einen Tag unterwegs, gefühlt
radelte unsere Autorin
aber durch unterschiedliche
Zeiten und Welten

Ich bin auf dem östlichsten Radweg des Landes unterwegs, wirklich
bewusst wird mir das erst, als ich an
der Neiße vor einem viereckigen Pfos-
ten stehe, der die deutschen National-
farben trägt. Am anderen Ufer des
Flusses gibt es auch solche Grenzpfosten, dort sind sie weiß und rot. Die
Neiße und weiter nördlich die Oder
bilden die Grenze zwischen Deutschland und Polen. An beiden Flüssen
entlang läuft der 630 Kilometer lange
Radweg, er beginnt an der Neiße-
quelle in Tschechien, überquert nach
rund 50 Kilometern die Grenze und
führt bis zur Ostsee.

Ich mache eine Tagestour auf dem
40 Kilometer langen Abschnitt zwischen Zittau und Görlitz. Und werde
an diesem Tag verschiedene Grenzen
überschreiten: der Staaten, der Zeit,
der Realität. In Zittau komme ich mir
vor, als wäre ich in der Zeit zurückge-
reist, in die Mitte des 19. Jahrhunderts. In der Innenstadt reihen sich
prächtige Kaufmannshäuser aneinander, sie leuchten in Pastellfarben und
erinnern an einstige Geschäftigkeit,
die schon lange in bedächtige Ruhe
übergegangen ist. Zittau ist einst als
Handelsstadt vor allem durch die Pro-
duktion von Leinentüchern reich geworden. Wo damals die Stadtmauer
stand, verläuft heute ein Ring aus

Parkanlagen. Kaum habe ich sie hinter mir gelassen, geht es bergab.

Ich erreiche erst die Mundau, die bereits nach wenigen Hundert Metern in die Neiße fließt. Am Wegesrand stehen inmitten grüner Wiesen Plattenbauten parallel zum Fluss – ein gar nicht so uncharmanter Kontrast zur Naturkulisse. Die Kästen waren in den 1970er Jahren die modernsten Häuser, die die DDR zu bieten hatte. Aus meiner Sicht stehen sie für den Glauben an eine Utopie, aus der dann was anderes geworden ist. Auf dem Rasen vor ihnen flattert Wäsche im Wind.

Nun führt der Weg ein Stück parallel zur Straße nach Hirschfeld, vorbei an vielen Fabrikanlagen aus der Zeit der Industriellen Revolution. In Hirschfeld gibt es aber auch Häuser, die eine Mischung aus Fachwerk- und Blockhaus sind: im Erdgeschoss holzverkleidet und mit arkadenartigen Nischen, darüber klassisches Fachwerk. Umgebindehäuser heißen sie, rund 20000 von ihnen gibt es noch im Osten, speziell für diese Region in der Lausitz sind sie typisch.

Das Radeln ist unerwartet leicht, die Bäume spenden Schatten, und der Weg führt etwas bergab. Am Kloster St. Marienthal lege ich eine Pause ein und setze mich an das Ufer der Neiße, die hier über ein Wehr fließt. Das Kloster wurde 1234 als Zisterzienserinnen-Abtei von Königin Kunigunde, der Frau König Wenzels I. von Böhmen, gegründet, seitdem ist es ohne Unterbrechung bewohnt. Noch heute leben dort rund ein Dutzend Ordensschwestern, von denen mir keine begegnet, als ich über das weitläufige Gelände mit seinen beeindruckenden Barockbauten flaniere.

St. Marienthal gehört zu der Ortschaft Ostritz, die einst als sorbisches Dorf gegründet wurde. Die Sorben stammen von den Slawen ab, die den Osten Deutschlands ab dem 7. Jahrhundert besiedelten und bis zur Saale im Westen, der Elbe im Norden und der Donau im Süden vordrangen. Man erkennt die Ortschaften an den Endungen -ow und -itz. Das Sorbische hat nicht nur auf Schildern überdauert, es wird noch von rund 50000 Menschen gesprochen und ist Amtssprache in Sachsen und Brandenburg.

Der Wald öffnet sich und geht in weite Auen über, Schwäne und Störche stehen zusammen auf den Feuchtwiesen. Ein Reh spaziert in aller Seelenruhe zwischen den deutschen und polnischen Grenzmarkierungen herum. Ich komme vorbei an kleinen Brücken, Sportplätzen ohne Umzäu-

AM KLOSTER
ST. MARIENTHAL
LEGE ICH EINE
PAUSE EIN UND
SETZE MICH AN
DAS UFER DER
NEISSE, DIE HIER
ÜBER EIN WEHR
FLIESST

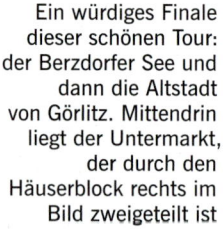

Ein würdiges Finale dieser schönen Tour: der Berzdorfer See und dann die Altstadt von Görlitz. Mittendrin liegt der Untermarkt, der durch den Häuserblock rechts im Bild zweigeteilt ist

nungen, Fußballplätzen mit Toren ohne Netz. Mein Gefühl sagt, je länger ich durch diese Gegend fahre, desto langsamer vergeht die Zeit.

Westlich des Radwegs erstreckt sich der Berzdorfer See, und ich mache einen kleinen Abstecher zum Hafen von Hagenwerder. Wo jetzt der See liegt, stand bis 1965 das Dorf Berzdorf. Die Einwohner wurden umgesiedelt und ein Braunkohleflöz abgebaggert, wie an so vielen Orten in Sachsen. 1997 wurde der Tagebau geschlossen. Schaufelradbagger 1452, ein Relikt alter Zeiten, steht am Wegesrand und erinnert an ein riesiges Insekt aus Metall. Kurz hinter ihm erstreckt sich der See, der eine versunkene Landschaft in sich birgt.

Görlitz ist das Ziel meiner Etappe. Das Städtchen wird auch Görliwood genannt, weil es – herausgeputzt wie es nach der Wende wurde – schon als Kulisse für diverse Hollywood-Produktionen diente. Mich erinnert meine erste Szene, als ich in die Stadt hineinradle, eher an französische Filme: Zwei ältere Herren spielen am Ufer der Neiße Boule. An der Brücke, die mitten in Görlitz hinüberführt ins polnische Zgorzelec, steige ich ab und schiebe mein Fahrrad die Altstadtgassen hinauf, vorbei an farbenfrohen, mit vielen kleinen Details verzierten Gebäuden.

Regisseur Wes Anderson hat sich vor ein paar Jahren in diese Architektur verliebt, und sie in »The Grand Budapest Hotel« verewigt, Quentin Tarantino ließ in Görlitz Teile von »Inglourious Basterds« drehen. Ich könnte mir hier gut einen fröhlichversponnenen zweiten Teil der »Fabelhaften Welt der Amélie« vorstellen, der würde gut passen in diese Gegend zwischen den Ländern, den Zeiten, zwischen Fiktion und Realität

Pia Volk

TIPPS FÜR UNTERWEGS

Insgesamt verläuft der Oder-Neiße-Radweg auf etwa 630 Kilometern und in zwölf gut beschilderten Etappen von Tschechien bis an die Ostsee. Der Abschnitt von Zittau nach Görlitz ist eine abwechslungsreiche Tagestour (40 Kilometer Länge, kaum Gefälle, rund 2,5 Stunden reine Fahrzeit).

Gute Übersicht: oder-neisse-radweg.de
Ausführlicher: das Bikeline-Radtourenbuch zum Oder-Neiße-Radweg (Verlag Esterbauer, 14,90 €)

Erleben

Die barocke **Klosteranlage in Marienthal** kann man im Rahmen einer Führung besichtigen (vorab buchen!). Zur Stärkung ist die Klosterschänke zu empfehlen, zum Übernachten das Gästehaus.
kloster-marienthal.de

Wer im **Berzdorfer See** baden möchte: Sehr beliebt ist der Strand »Blaue Lagune« ganz im Süden.
berzdorfer-see.eu

Essen und Trinken

Zittau: Mit viel Leidenschaft betreibt ein Mountainbiker und Barista das »Kaffee-Kalle« unweit des Marktes (Frauenstr. 20). Für ein deftiges Abendessen empfiehlt sich das »Restaurant Dornspachhaus« (Bautzner Str. 2).
zitava.eu/kaffee-kalle
dornspachhaus.de

Görlitz: Mohnklöße mit Eierlikör sind keine leichte Kost, aber eine Spezialität, die man etwa im »Café Lucullus« (Peterstr. 4) bekommt. Ein sehr schöner Freisitz (sächsisch für Biergarten) gehört zum »Gasthof Dreibeiniger Hund« (Büttnerstr. 12/13). dreibeinigerhund.de

Über Nacht

Am Weg liegen einige Hotels, die zum Verbund Bett & Bike gehören, teils mit Fahrradwerkstätten zusammenarbeiten, Räder vermieten oder Gepäcktransporte zur nächsten Unterkunft organisieren.
In Zittau: Dresdner Hof Äußere Oybiner Str. 9/12, hotel-dresdner-hof.de
In Görlitz: Hotel Paul Otto Nikolaistr. 5, hotelpaulotto.de

In Hirschfelde kann man in einem Umgebindehaus übernachten.
Pilgerhäusl Komturgasse 9
pilgerhaeusl.de

GEHEIMTIPP:
Die Bergstraße

Zwischen Darmstadt und Heidelberg finden Sie malerische Orte, landschaftliche Schönheit und mediterranes Klima – die Bergstraße präsentiert sich als von der Natur besonders verwöhntes Fleckchen Erde. Hier gedeihen Spargel, Pfirsiche, Kiwi und natürlich der Bergsträßer Wein.

Heidelberger Schloss

Als Herz des Geo-Naturparks Bergstraße-Odenwald liegt die Ferienstraße eingebettet zwischen den Flüssen Rhein, Main und Neckar und reicht vom berühmten Heidelberger Schloss bis zur Darmstädter Mathildenhöhe – Zentrum des Jugendstils. Über 30 Burgen und Schlösser, Parks und Gärten, mittelalterliche, lebendige Fachwerkstadtkerne und eine reizvolle, abwechslungsreiche Landschaft reihen sich aneinander wie bei einer Perlenkette.

Hier wird Gastfreundschaft großgeschrieben: Ob in charmanten Hotels, gemütlichen Ferienwohnungen, familiengeführten Gasthäusern oder auf Wohnmobil- und Campingplätzen.

„Hier fängt Deutschland an, Italien zu werden“

hat Kaiser Joseph II. im Frühjahr 1764 bei einem Besuch an der Bergstraße ausgerufen.

Die vielfältige Gastronomie bietet kulinarische Schmankerl von regionalen bis internationalen Spezialitäten, begleitet von Bergsträßer Wein oder regionalen Bieren – und ist Garant für einen genussreichen Aufenthalt. Theater, Kleinkunst, Konzerte – auch open-air – sorgen für kulturelle Genüsse. Zum Outdoor-Angebot gehören gut ausgeschilderte Rad- und Mountainbike-Wege, Schwimm- und Erlebnisbäder, Bade-

Tourismus Service Bergstrasse e.V.
Tel +49 6251 1752615
info@diebergstrasse.de
www.diebergstrasse.de
www.land-des-roten-rieslings.de

WEIN & GENUSS

Hier treffen sich hessische und badische Bergstraße. Die Sortenvielfalt reicht von Riesling, Grau- und Weißburgunder über Chardonnay bis zum Roten Riesling. Bei den Roten dominieren Spätburgunder und Dornfelder, es gedeihen aber auch hervorragende Merlots oder Syrahs.

STÄDTE & KULTUR

Der Spannungsbogen an kulturellen Highlights ist facettenreich: Vom UNESCO Weltkulturerbe Kloster Lorsch bis zur Römerstadt Ladenburg, vom Staatspark Fürstenlager bis zur Strahlenburg. Die Städte an der Bergstraße laden ein, auf Schritt und Tritt Neues zu entdecken.

AKTIV & NATUR

Weinberge, Wald, Parks und Gärten laden ein, die Bergstraße per Rad, Mountainbike oder als Wanderer zu erkunden. Vom Geopfad Wein & Stein bis zum zertifizierten Burgensteig: gut ausgeschilderte Wege sorgen für einmalige Naturerlebnisse an der Bergstraße.

Für den Fluss ist sie ein Umweg, für alle, die auf der Cloef stehen, ein Spektakel: die Saarschleife im Nordosten des Saarlandes

AN DER SAAR BIS NACH FRANKREICH

Diese Strecke ist ein Genuss – wenn man sie ganz entspannt abradelt und sich Zeit nimmt für die vielen Highlights unterwegs

Was für ein Auftakt! Wer auf dem saarländischen Teil des Saar-Radwegs von Norden nach Süden unterwegs ist, erlebt gleich auf den ersten Kilometern das größte Naturschauspiel des kleinen Bundeslandes, die Saarschleife. Aber keine Sorge – diese Tour wird nicht nachlassen, sondern auch weiterhin ihr Bestes geben und für viel Abwechslung sorgen.

Der Radweg beginnt eigentlich in Konz bei Trier, wo die Saar in die Mosel mündet, und führt in schönen Kurven bis ins französische Sarreguemines (Saargemünd). Wir beginnen unsere Tour noch vor der Saarschleife, im Ortskern von Mettlach, in dessen einstiger Benediktinerabtei einer der bekanntesten Keramikproduzenten des Landes seinen Hauptsitz hat: Villeroy & Boch. 1748 wurde die Manufaktur gegründet, rund 100 Jahre später verlegte sie ihren Hauptsitz in die Klostermauern, eine Ausstellung erzählt dort heute aus der Firmengeschichte und von der Keramikproduktion. Mindestens ein Spaziergang durch den Park der Abtei muss sein, denn der ist gespickt mit Glanzstücken, darunter ein Brunnen von Karl Friedrich Schinkel.

Dann geht es entspannt immer am Ufer entlang bis zur Saarschleife, in der die Saar einen etwa vier Kilometer langen bewaldeten Bergsporn umfließt. Das Fahrrad muss warten, bis

Das rostrote Gebirge aus Hochöfen und Gichtrohren der Völklinger Hütte zeugt von einer vergangenen Zeit und ist heute ein lebendiger Kulturort. Der Saar-Radweg – zwischen Mettlach und Merzig noch ganz im Grünen – führt hier mitten durch die Stadt

wir einmal die 180 Meter zum Aussichtsfelsen Cloef hochgelaufen sind und ihren Anblick in voller Schönheit genossen haben – und bereit sind für die von Streuobstwiesen umgebene »Apfelstadt« Merzig. Der Weg ist leicht zu fahren, das Tal der Saar weitet sich, Merzig liegt nicht weit von der Saarschleife entfernt. In der Stadt gibt es eine Pause an der Hafenmeile und einen Viez, so heißt der hiesige Apfelwein – aber nur einen, denn dann müssen wir endlich mal ein bisschen Strecke machen: bis wir nach einer guten Stunde Saarlouis erreichen. Die alte Festungsstadt wurde 1680 von keinem Geringeren als Frankreichs Sonnenkönig Louis XIV. gegründet und gilt bis heute als die französischste des Saarlandes. Die Festung ist noch gut erkennbar, die Café-, Restaurant- und Kneipenmeile klein, aber legendär, die kulinarische Vielfalt groß.

Nach einer Übernachtung in Saarlouis sind wir fit für das herausragende Industriedenkmal des Saarlandes – und das erste überhaupt, das 1994 als UNESCO-Welterbe geadelt wurde: die Völklinger Hütte, 1873 gegründet, 1986 stillgelegt, in ihrer Hochphase eines der modernsten Eisenwerke weit und breit. Sie liegt keine Fahrrad-Stunde weiter südöstlich direkt am Ufer der Saar. Wer ihre Hochöfen und Gichtrohre aufragen sieht, hält automatisch an, und das sollte man auch tun. Kaum ein Gelände hat so viel zu erzählen und so viel zu zeigen: Industriegeschichte, Kunst, Street-Art, Materialkunde, Gartenbau, Architektur – all das hat Platz in diesem Gebirge aus Stahl und Backstein.

Die Sonne steht schon tief, als wir wieder auf dem Fahrrad sitzen und von Westen her ins Zentrum Saarbrückens einfahren und direkt an der »Alten Brücke« abbiegen zum St. Johanner Markt, mitten hinein ins genuss- und feierfreudige Herz des Saarlandes. Die Radtour ist nun fast geschafft, was eigentlich schade, aber auch ein Grund zum Mitfeiern ist. Und so übernachten wir unterwegs ein zweites Mal und nehmen uns am nächsten Tag noch etwas Zeit für die Hauptstadt des Saarlandes.

Es gäbe jede Menge zu sehen, aber schon diese zwei Orte füllen locker den Vormittag: Unter dem Schlossplatz liegen die Wurzeln der Stadt, die Reste jener Burg über der Saar, mit deren Bau sie ihren Anfang nahm. Und schräg gegenüber steht die Moderne Galerie, ein Kunstmuseum, dessen Architektur und Sammlung gleichermaßen sehr sehenswert sind. Danach noch auf einen Kaffee ins beliebte und lebendige Nauwieser Viertel, das Gebäck dazu müssen wir uns erst noch verdienen: mit einer letzten Stunde auf dem Fahrrad nach Südwesten, immer am Ufer der Saar, die hier auch die Grenze zu Frankreich ist. Grenzen zu überwinden, gehört zur DNA des Saarlandes, und so enden wir in Sarreguemines jenseits der Grenze, mit einem Pain au Chocolat in der Hand, am Ufer des Flusses, der uns hierher geführt hat.

Tinka Dippel

110 Kilometer lang begleitet der Weg die Saar, von Konz bei Trier bis ins französische Sarreguemines. Netto-Fahrtzeit: um die 10 Stunden. Wer die Highlights am Weg angemessen würdigen möchte, sollte aber mindestens drei Tage einplanen.
urlaub.saarland/media/touren/saar-radweg

Auch diese Tour ist – allerdings von Süd nach Nord – gut beschrieben bei bikeline (Verlag Esterbauer, 14,90 €).

Erleben

Das **Erlebniszentrum von Villeroy & Boch** in Mettlachs alter Abtei zeigt viel Tischkultur und Keramik und erzählt aus der Firmengeschichte.
villeroyboch-group.com

Rund um die Saarschleife sind in den letzten Jahren ein paar Erlebnisverstärker entstanden, allen voran der rund 800 Meter lange **Baumwipfelpfad** mit grandiosem Aussichtsturm hoch über der Cloef.
baumwipfelpfade.de/saarschleife

Die **Völklinger Hütte** ist ein gigantischer Abenteuerspielplatz für Erwachsene und Kinder. Wenn eine lange Fahrradpause, dann hier!
voelklinger-huette.org

Essen und Trinken

Merzig: Den für Merzig typischen Apfelwein Viez bekommt man im Hofladen der Kelterei Schmitt.
Saarmühlenstr. 57, obstbau-schmitt.de

Saarlouis: Wer so weit geradelt ist, kann sich ein Essen im Restaurant »Louis« gönnen, das zum schönen Hotel »La Maison« gehört.
Prälat-Subtil-Ring 22
lamaison-hotel.de

Saarbrücken: Einmal muss das Kultgericht »Dibbelabbes« probiert werden, im »La Bastille« beim St. Johanner Markt.
Kronenstr. 1b, restaurant-labastille.de

Über Nacht

Saarschleife: Frisch eröffnet ist die »Saarschleifenlodge«, wo man umgeben von Grün in Suiten, Lofts oder Häuschen schläft.
saarschleifenlodge.de

Saarbrücken: Das Hotel »Domicil Leidinger« hat sehr schöne Zimmer und liegt perfekt.
Mainzer Str. 10
leidinger-saarbruecken.de

Kölns Jahrhunderte-Mix:
von der rechtsrheinischen
»Schäl Sick« wird aus Kranhäusern und Dom eine Skyline

Touren durchs Land am laufenden Band

Vom City-Trip für einen Tag bis zur Radwoche zwischen den Meeren: unsere liebsten unter den unendlich vielen schönen Fluss-Radwegen

Oberbayern wie aus dem Bilder buch an der Loisach-Isar-Radlrund- tour: die barocke Klosteranlage von Benediktbeuern im Zentrum, dahinter die ersten Alpengipfel, davor grasende rotbunte Kühe

Immer am Rhein entlang
Tagestour durch ein überraschend vielseitiges Köln

Wer verstehen möchte, warum viele Menschen Köln heiß und innig lieben, der sollte sich auf zweierlei einlassen: auf den wirklich sehr besonderen architektonischen Jahrhunderte-Mix der Metropole am Rhein und auf ihre Lebensfreude. Und beides lässt sich bestens per Fahrrad erkunden, auf einer rund 35 Kilometer langen Rundtour, für die Sie keinerlei Kartenmaterial benötigen, sie folgt nämlich schlicht und einfach dem Fluss und beginnt an einem Ort, den Sie nicht verfehlen können: am Dom, einer der bedeutendsten gotischen Kathedralen überhaupt. Von dort radeln Sie durch das Liebesschlösser-Spalier der Hohenzollernbrücke und dann weiter auf der »Schäl Sick«, so nennen sie hier das rechtsrheinische Ufer. Der Blick fällt erst auf die rekonstruierte Altstadt, später auf den modern bebauten Rheinauhafen, schon von Weitem gut erkennbar an den »Kranhäusern« aus der Feder des Architekten Hadi Teherani. Durch den Deutzer Hafen mit seinem rund einen Kilometer langen Hafenbecken geht es weiter zum gleich neben dem Köln-Bonner Flughafen gelegenen Porz, wo es zwei gute Gründe gibt, ein paar Meter vom Rhein abzuzweigen: das dreiflügelige Schloss Wahn und die gleich in der Nachbarschaft gelegene »Mahou Kaffeerösterei«. Von dort ist es nicht weit nach Zündorf, wo die Fähre »Krokodil« nach Weiß übersetzt, das zu Rodenkirchen gehört. Durch den grünen, erst fast schon ländlichen, dann mit Villen gespickten Kölner Süden sind Sie in einer halben Stunde wieder mittendrin – erst im Rheinauhafen, dann auf der Domplatte. Unterwegs haben Sie nicht ein Köln erlebt, sondern drei bis fünf. Und die Lebensfreude? Für die müssen Sie sich mehr Zeit nehmen und einkehren, etwa im »Brauhaus zur Malzmühle«. Dort werden Sie Menschen aus dem ganzen Rheinland treffen – und vermutlich auf den Geschmack kommen, dem Rhein-Radweg weiter zu folgen.

Für jedermann. Ein Tag, rund 35 km
koelntourismus.de
nrw-tourismus.de/rheinradweg

Alpin und genussreich
An Isar und Loisach von München bis zur Zugspitze und zurück

Die Wolfratshauser Loisach-Isar-Radlrundtour beginnt in der Flößerstadt Wolfratshausen, es spricht aber vieles dafür, diese Tour – für die Sie ohnehin je nach Biergarten-Affinität vier Tage oder mehr Zeit und viel Muße brauchen – mitten in München, am Marienplatz, zu starten und erstmal der Isar zu folgen. Dann ab Wolfratshausen, wo beide Flüsse sich treffen, an der Loisach flussaufwärts Richtung Alpen, das Panorama mit Zugspitze meist im Blick. Fast schon Pflichtstopps: das Kloster Benediktbeuern mit seinem schönen Biergarten und die Stadt Murnau am Staffelsee. Von Garmisch geht es über das in Österreich gelegene Ehrwald einmal um die Zugspitze herum, im Wettersteingebirge wird dann wieder die Isar zum blauen Faden der Tour, diesmal flussabwärts. Genießen Sie bei Wolfratshausen besonders die Fahrt durch die Pupplinger Au, ein geschütztes und besonders schönes Waldgebiet mit breiten Kiesbänken (mit Pause im »Gasthaus Aujäger«). Dann sind es keine zwei Stunden mehr zurück zum Marienplatz.

Für Trainierte und Ausdauernde (vergleichsweise viele Höhenmeter!)
Vier bis sechs Tage, rund 290 km
tourismus.wolfratshausen.de/radlrundtour

Welterbe am laufenden Band
Vom Harz nach Hildesheim

Es geht immer bergab, zumindest, was das Höhenprofil angeht. Was die Entdeckungen unterwegs angeht, bleibt der Innerste-Radweg auf seinen kompletten rund 100 Kilometern auf hohem Niveau. Er folgt dem Fluss Innerste durch Niedersachsen, der entspringt südöstlich von Clausthal-Zellerfeld im Harz, wo die Tour beginnt. Unterwegs kommt man an mehreren, ganz unterschiedlichen UNESCO-Welterbestätten vorbei, die erste davon ist die Oberharzer Wasserwirtschaft, ein von Mönchen angelegtes und von Bergleuten ausgebautes Wasserleitsystem aus mehr als 100 Teichen und Wasserläufen. Kurz hinter der Innerstetalsperre muss ein Abstecher in die Altstadt von Goslar sein. Dort stehen mehr als 1500 Fachwerkhäuser, von denen keinesfalls eins dem anderen gleicht, da sie teils in unterschiedlichen Epochen erbaut sind. Auch dieses Ensemble hat die UNESCO geadelt, und gleich noch eine Welterbestätte liegt im Süden der Stadt: das Bergwerk Rammelsberg. Weiter geht es vorbei an diversen Schlössern (Liebenburg, Ringelheim, Oelber, Derneburg). Großes Finale ist dann der Mariendom in Hildesheim, eine der ältesten Bischofskirchen des Landes mit romanischen und gotischen Bauteilen – sehr gut erhalten und, wie es sich für diese Route gehört, auch auf der Liste der UNESCO. Wer mag, rollt noch ein Stückchen weiter bis zur Innerste-Mündung bei Sarstedt.

Für Entdecker mit Ausdauer, zwei bis drei Tage, rund 100 km, welterberadweg.de

Zwischen den Meeren
Der weniger bekannte Norden
Die meisten Besucher in Deutschlands hohem Norden wollen an die Nord- oder Ostsee, an die Schlei oder zu den Seen rund um Plön, Eutin und Bad Malente. Gut für jene, die auf dem Eider-Treene-Sorge-Rundweg unterwegs sind. Der schlängelt sich westlich von Tönning an seinen drei namensgebenden Flüssen entlang durch Wiesen, Weiden, Moore und Wälder – vielleicht nicht die spektakulärste, aber eine sehr entspannende Landschaft – und kann nach Lust und Laune verkürzt oder verlängert werden. Städtisches Highlight ist das hübsche Friedrichstadt, wegen seiner Backsteinbauten und Grachten auch »Holländerstädchen« genannt. Alternative für alle, die von Meer zu Meer wollen: die Nord-Ostsee-Kanal-Tour von Brunsbüttel nach Kiel.

Fischbrötchen: Lübecker Bucht
Von Scharbeutz geht es bis ins alte Fischerdorf Rettin und zurück: auf rund 44 Kilometern an 15 netten Fischbrötchen-Spots vorbei. »Fahrrad findet Fisch« lautet das Motto, Stationen sind etwa Sierksdorf, Neustadt und Pelzerhaken. Wer fünf Brötchen schafft, ist schon gut dabei!
luebecker-bucht-ostsee.de/fahrrad-findet-fisch

Rotwein: Ahr
77 Kilometer, das klingt nicht lang. Aber dann sind da unterwegs Weingüter und Weingenossenschaften und Fachwerkstädtchen und grandiose Ausblicke am laufenden Band – und irgendwie verfliegen die Stunden in Deutschlands Spätburgunder-Hochburg dann schnell und gerne.
ahrtal.de/radfahren

Bier: rund um Bamberg
Und ganz ähnlich ist es auf der »Brauereien- und Bierkellertour«, die auf mehr als 200 Kilometern um das schöne Bamberg herum durch eine Region mit rekordverdächtiger Privatbrauereien-Dichte führt – und obendrein landschaftlich sehr schön ist.
oberfranken.de/de/projekte

Eider-Treene-Sorge Rundtour für jedermann, rund fünf Tage, 240 km, ets-radweg.de
Nord-Ostsee-Kanal-Tour Oneway für Ausdauernde, sechs bis acht Tage, 325 km, nok-route.de

Große Runde, kleine Flüsse
Genusstour durch Baden-Württemberg
Beide Flüsse sind kaum bekannt, bilden zusammen aber eine grandiose Rad-Runde, den Kocher-Jagst-Radweg. Wer ihn komplett fährt, hat gut 330 Kilometer und sechs nicht allzu kurze, aber recht entspannte Tagesetappen vor sich. Die ganze große Runde beginnt in Aalen, rund 70 Kilometer östlich von Stuttgart, und führt recht kurvenreich Richtung Nordwesten durch das teils schluchtenartige Obere Kochertal bis nach Schwäbisch Hall. Dort steht auf der Insel Unterwöhrd im Fluss der beeindruckende Rundbau des Theaters Neues Globe – und zwei Fahrrad-Minuten entfernt der ebenso sehenswerte Bau der Kunsthalle Würth. Sie merken schon, es lohnt sich durchaus, es mit den sechs Etappen nicht allzu genau zu nehmen und etwas mehr Zeit einzuplanen. Dafür gibt es auch auf den folgenden Etappen viele, ganz unterschiedliche Gründe: das offiziell als »Genießerregion« ausgezeichnete Hohenlohe mit seinen Märkten und Hofläden, die Rebhänge und Burgen auf dem Weg zur Mündung des Kocher in den Neckar – wo die Jagst nun flussaufwärts durch das nach ihr benannte Tal die Streckenführung übernimmt und enorm viel landschaftliche Abwechslung bietet. Zeit nehmen sollten Sie sich etwa für das Ellwanger Seenland – und am Ende der Runde in Aalen für das Limes-Museum, das größte Museum am Obergermanisch-Raetischen Limes.

Rundtour für Genießer und Kulturinteressierte mit viel Zeit, Minimum sechs Tage, rund 330 km, kocher-jast.de

1| Kleinod am Kocher-Jagst-Radweg: Schloss Langenburg 2| UNESCO-Welterbe am Innerste-Radweg: die Michaeliskirche in Hildesheim 3| Radeln durch Rebhänge: im Ahrtal 4| Fischbrötchen satt: auf Tour in der Lübecker Bucht

HAUSBOOT

Immer langsam: Das Boot »Finchen« schafft nicht mehr als zehn Stunden-kilometer, Tinka Dippel und ihr Sohn genießen die Landschaft in Zeitlupe

Kreuzfahrt in Eigenregie: Seit **Tinka Dippel** auf einer schwimmenden Hütte durch Brandenburg fuhr, weiß sie, dass ihre Familie eine Spitzen-Crew ist. Und dass Entspannung einen guten Schuss Adrenalin verträgt

Nichts vermissen, vollkommen entspannt sein beim Gedanken, dass es ruhig ewig so weitergehen könnte, alles loslassen – bis auf das Steuerrad. Das ist ein sehr kostbarer Zustand. Selten hat er sich so schnell bei mir eingestellt wie in Brandenburg auf einem Hausboot namens »Finchen«, selten hat eine einzige Urlaubswoche so viele Bilder ganz fest bei mir eingebrannt. Und nie zuvor und danach war ich am Ende gleichzeitig so wehmütig, ein Gefährt verlassen zu müssen, und so froh, es heil wieder zurückzubringen.

Und nicht nur ich. Es wäre schwierig geworden mit dem nichts vermissen, hätte ich nicht mir sehr liebe Menschen dabeigehabt: meinen Freund, unsere Kinder und die Fotografin Nora, mit der ich schon oft unterwegs war und viele auch knifflige Situationen gemeistert habe, etwa als wir durch die See-Alpen von Italien nach Frankreich wanderten. Da hatten mir die Füße wehgetan, weil meine Wanderschuhe zu klein waren; als wir »Finchen« enterten, hatte ich Bauchgrummeln, weil mir das Boot zu groß erschien für seine unerfahrene Crew, deren jüngstes Mitglied noch nicht mal schwimmen konnte .

Dem einen oder anderen der Schleusenwärter, die wir unterwegs trafen, dem einen oder anderen Reiher, dem wir im Schilf zu nah kamen, erschienen wir bestimmt entsprechend wie ein Elefant im Porzellanladen. Und doch groovten sie sich ein, »Finchens«

Große Sprünge, große
Freiheit: Motor aus, Anker
setzen, ins Wasser
springen – und manchmal
gleich über Nacht mitten
auf einem See bleiben

20 Tonnen Gewicht und unsere Fertigkeiten an Steuerrad, Pollern und Seilen. Schon nach kurzer Zeit war dieses Boot für uns einfach nur noch das ideale kleine Stückchen Welt, eine schwimmende, gemütliche Hütte mit Sonnenterrasse, die uns ganz langsam durch eine sehr satte, sehr grüne und sehr tiefenentspannte Landschaft südöstlich von Berlin trug, und das in einem Tempo, das Menschen wie mich, die keine unkontrollierbaren Geschwindigkeiten mögen, zusagt.

Ich fühlte mich wie auf einer Kreuzfahrt in Miniatur und Eigenregie – einer, der genau all das fehlt, was mich immer davon abgehalten hat, über eine Kreuzfahrt auch nur nachzudenken. Unter den Passagieren nervten nur die Mücken, der Käpt'n war mein Freund, das Büfett ein Zufallsmix aus Fisch, Pommes und dem, was der kleine Kühlschrank so hergab. Das Unterhaltungsprogramm bot viele nicht vorprogrammierte Wow-Momente: wenn wir mal wieder aus einem Wasserlauf in die Weite eines Sees einfuhren, wenn dicke Libellen uns am Captain's Table wie Mini-Helikopter umschwärmten, wenn wir im späten Tageslicht den Anker warfen und das Sonnendeck zur Tanzfläche machten. Und die Landgänge hatten durchaus Entdecker-Potenzial, machten aber null Sightseeing-Druck. Wir besichtigten eine Fischräucherei, schlenderten durch Wälder oder Orte, deren Namen wir bald wieder vergaßen, zum nächstgelegenen Supermarkt.Dass ich wirklich nichts vermisste, lag auch daran, dass die Entspannung auf so einem Boot nie in Bräsig-

keit umschlägt. Mit dem Hausboot unterwegs zu sein, ist nicht die Art von Urlaub, bei dem man sich um nichts kümmern muss. Abends irgendwo anzulegen, ist keine Selbstverständlichkeit, manch Ufer hatte schlicht keinen Anleger, manch Jachthafen wollte uns nicht, für manche Parklücke waren »Finchen« und Crew dann doch noch nicht eingegroovt genug. Auch deshalb haben sich viele Bilder so tief bei uns eingebrannt: Weil wir manchmal so intensiv auf das Ufer blickten, als wollten wir es hypnotisieren – in der Hoffnung, dass sich irgendwie eine Möglichkeit auftun möge, »Finchen« zum Stehen zu bringen, ohne eine der dicken weißen Seerosen zu kappen, die das Ufer tupften.Und wenn wir uns einer der Schleusen auf unserem Weg näherten, sagte mir mein Adrenalinspiegel schon eine halbe Stunde vorher, dass ich nicht halb so entspannt damit war wie ich tat. Meistens fand sich aber jemand, der sich noch unsouveräner anstellte als wir, und so blieb mir die Schleuserei als Happening, dirigiert von humorvollen Wärtern, in Erinnerung.

Für eine Woche waren wir Teil einer Hausboot-Community – der wir uns nicht dauerhaft angeschlossen haben. Keiner von uns hat einen Bootsführerschein gemacht. Aber dass es da draußen viele »Finchens« gibt, auf denen wir auch ohne fahren dürfen, ist ein schöner Gedanke. Und kurz nach der Hausboot-Woche haben wir uns einen Bulli zugelegt, ein »Finchen« auf Rädern.

Ganz entspannt Kurs halten

Die größten und beliebtesten Hausboot-Reviere liegen in Brandenburg und Mecklenburg. Aber auch Berlin lässt sich schwimmend erkunden

Führerscheinfreie Reviere

Auf mehr als 700 Kilometern sind Wasserstraßen in Deutschland ohne Sportboot-Führerschein befahrbar – mit entsprechenden Booten (maximal 15 Meter lang, nicht schneller als zwölf Stundenkilometer) und einer Charterbescheinigung, die man nach einer dreistündigen Einweisung bekommt, die aber nur für die Mietzeit und das genannte Revier gilt. Unsere Autorin hat damit im brandenburgischen Dahme-Spree-Seengebiet südöstlich von Berlin gute Erfahrungen gemacht. Sehr beliebt ist die Mecklenburgische Seenplatte rund um Müritz, Plauer See und Kölpinsee. Aber auch Flüsse wie Saale, Saar und Lahn bieten sich abschnittweise an. Wichtig ist, gutes Kartenmaterial dabeizuhaben,

über Anlegeplätze informiert (und möglichst dort angemeldet) zu sein und das Wetter im Blick zu behalten. Auch die Vorbereitungslektüre des Vercharterers sollte man ernst nehmen. Einen Überblick bietet etwa der ADAC:
skipper.adac.de/hausboot

Hausboot-Anbieter

Ein schwimmendes Zuhause auf Zeit bieten sie alle, äußerlich, in der Größe und der Fahrweise unterscheiden sie sich aber teils sehr. Unsere Autorin war mit einem »Kormoran 1140« des Vercharterers Kuhnle Tours unterwegs, einem der Platzhirsche in Brandenburg und an der Müritz. Optisch sind Kormorane mehr Boot als Haus – anders als etwa die schwimmenden Blockhütten von BunBo, die in denselben Revieren unterwegs sind. Weitere große Anbieter sind Le Boat und Locaboat.
kuhnle-tours.de
bunbo.de

Eines der schönsten Reviere: die Mecklenburgische Seenplatte. Eine gute Idee, um ab und zu für sich zu sein: ein SUP-Board, das auf fast jedes Boot passt

Durch die Hauptstadt

Auch Teile Berlins kann man ohne Führerschein erkunden. Der Berlin Bootsverleih etwa hat geräumige Ponton-Hausboote für so einen Wasser-City-Trip im Angebot. So schön die Vorstellung, am Kanzleramt vorbeizuschippern ist: In der Innenstadt herrscht Führerscheinpflicht.
berlin-bootsverleih.com

Auf der Lahn mit Blick auf Schlösser und Burgen

In aller Ruhe schlängelt sich die Lahn durch Hessen und Rheinland-Pfalz, so gemächlich, dass sie in weiten Teilen ohne Führerschein befahrbar ist. Auf der Strecke liegen Limburg, Nassau, Bad Ems und jede Menge Schlösser und Burgen.
hausboote-lahn.de
lahn-hausboot-charter.de

Mit Boot und Bike auf der Seenplatte

Nicht, dass die Wasserwelt schnell eintönig würde, aber es lohnt sich oft, Räder mitzunehmen (geht nicht auf allen Bootstypen!), um mal die Perspektive zu wechseln – etwa auf der Mecklenburgischen Seenplatte.
mecklenburgische-seenplatte.de

So schön klar ist das Wasser des
Tegernsees, aus dem diese Renken
kommen. Gebraten gibt es sie im
»Fischerei Bistro« in Bad Wiessee

Jetzt mal ordentlich Butter bei die Fische!

Direkt am – oder sogar auf dem Wasser sitzen und richtig gut essen: All diese Orte machen es möglich, von der Fischbrötchenbude zum Sterne-Restaurant

Rheingau Gourmet & Wein Festival

Das Programm für 2022 steht schon, alle geplanten Events wurden wegen Corona um ein Jahr verschoben. Und so können Sie sich jetzt schon darüber informieren, welche internationalen Spitzenköche und -winzer zur 25. Auflage dieses Genuss-Festes von Ende Februar bis Mitte März für Kochshows, Workshops und Tastings nach Hattenheim und Eltville kommen. Und sollten die Tickets ausgebucht sein: Tolle Genussorte finden Sie immer im Rheingau.

rheingau-gourmet-festival.de

Tegernsee: Frischer geht's nicht

Sie schwimmen nicht nur in traumhafter Landschaft, sondern auch in sehr sauberem Seewasser, die meisten der Seesaiblinge, Bachforellen, Hechte, Barsche, Aale, Renken und Rotaugen – um nur einige zu nennen – die in der Fischerei Tegernsee frisch oder geräuchert verkauft werden. Die »Fischerei« liegt im Ort Tegernsee am südlichen Ostufer des gleichnamigen Sees. Am Werk sind dort die drei Freunde Christoph von Preysing, Simpert Ernst und Thomas Bayer, die hier alles von Hand machen. Im Laden kann man sich die Fische teils lebend im Becken aussuchen, die frisch geräucherten sind vom Vortag und über Nacht in Salz und Gewürzlake eingelegt. Mittwochs und freitags kommen Meeresfisch, Muscheln und Krabben aus der Bretagne dazu. Und die Köstlichkeiten gibt es nicht nur zu kaufen, sondern auch sehr gut zubereitet am Tisch zu genießen: gegenüber von Tegernsee, in Bad Wiessee, im Fischerei Bistro, das zum Unternehmen gehört und schöner kaum liegen könnte.
Fischerei: Tegernsee, Seestr. 42
Bistro: Bad Wiessee, Überfahrtweg 15
fischerei-tegernsee.com

Sternhagener See: so rustikal, so gut

Ebenso frischer Fisch, ganz andere Region: Die Seenfischerei Trellert liegt in Brandenburg, genauer in der Uckermark, noch genauer am Ufer des Sternhagener Sees. Sie ist im besten Sinne alteingesessen und heiß geliebt in der Region, besonders sty-

lish ist sie nicht. Die Lage, den Blick und das Fischangebot kann man aber auch getrost für sich sprechen lassen, aus den Gewässern vor der Tür gibt es Zander, Barsch, Aal, Hecht, Karpfen und Schleie. Gebraten oder geräuchert kann man sie quasi direkt am Ufer genießen. Und was das Angebot perfekt abrundet: Man kann dort angeln und Ruderboote ausleihen.
Lindenhagen (Nordwestuckermark)
Fischereiweg 1, trellert.de

Spree: schlemmen im Kreativquartier

Keine deutsche Stadt hat so viele Küchenkonzepte, keine bietet so eine kulinarische Vielfalt wie Berlin. Und natürlich drängen die Restaurants, Cafés und Bars auch immer mehr ans Wasser. Was den Katerschmaus in Friedrichshain so besonders macht: Es stimmt dort so ziemlich alles. Da ist zuallererst die Lage: direkt am Ufer der Spree, besser kann man an Berlins Wasserader kaum sitzen. Zudem gehört das Restaurant zu einem Areal namens Holzmarkt, das eine bewegte Vorgeschichte hat und auf dem viele Künstler unterwegs sind – auch kulinarische Künstler (etwa die Bäcker der »Backpfeife« und der »SK Patisserie«). Die Lage ist aber nicht alles, man isst im »Katerschmaus« sehr gut: Salate, Rinderfilet, Heilbutt, und immer stehen auch vegane Gerichte auf der Karte.
Berlin, Holzmarktstr. 25, katerschmaus.de

Elbe: Café auf dem Ponton

Dass die Halbinsel Entenwerder im Osten Hamburgs ein beliebtes Ausflugsziel vor allem für Radfahrer geworden ist, verdankt sie einem einmaligen Café, das sich dort über die letzten Jahre auf einem Ponton breitgemacht hat: das Entenwerder 1. Schöner als dort kann man in der Hansestadt unter freiem Himmel und mit Blick auf die Elbbrücken kaum frühstücken, Kuchen essen oder ein kühles Craftbeer genießen. Tipp: Wenn es auf dem Ponton gerade zu

voll ist: fünf Fahrrad-Minuten weiter liegt das ehemalige Wasserwerk auf der Insel Kaltehofe – heute Industriedenkmal und Kunstort mit Café.
Entenwerder 1: facebook.com/entenwerder1
Kaltehofe: wasserkunst-hamburg.de

Rhein I: ein Bootshaus für Gourmets
Gleich gegenüber steht weithin sichtbar das Niederwalddenkmal mit der mehr als 12 Meter hohen Germania, seit bald 140 Jahren erinnert sie dort an die deutsche Reichsgründung. Und nicht nur dank ihr ist die Historie allgegenwärtig im UNESCO-Welterbe Oberes Mittelrheintal. Dank Menschen wie Jan Bolland und Nils Henkel nimmt sich aber auch eine stylische Gegenwart ihren Platz: etwa an der Hafeneinfahrt von Bingen am Rhein, wo Bolland 2020 sein Hotel Papa Rhein eröffnete und Henkel seither als Küchenkünstler im Restaurant Bootshaus sehr gut kocht. Als Vorspeise gibt es etwa Rauchaal mit Rührei und Gewürzbrot, als Hauptgericht Misolachs mit Terijakijus und sautiertem Gemüse oder Entrecote mit Brokkoli und Rosmarinfritten. Das helle Restaurant ist schlicht und mit viel Holz gestaltet, die Küche ist offen. Und draußen stehen die Tische auf feinem Sand. Von vielen der 114 Zimmer und Suiten und vom Pool auf der Dachterrasse hat man Rhein und Germania im Blick.
Bingen am Rhein, Hafenstr. 47a
paparheinhotel.de

Rhein II: Haute Cuisine im Speicher
Wir bleiben am Rhein, und wir gehen wieder in ein Hotel in allerbester Lage, diesmal in Mannheim, direkt am Hafen. Aus einem einstigen Getreidespeicher wurde dort das Speicher 7, dessen Sterne-Restaurant heißt Marly. Chef Gregor Ruppenthal kochte vorher etwa in Paris. Das, was

er hier direkt am Rheinufer in Drei- bis Vier-Gänge-Menüs serviert, ist stark von der französischen Küche beeinflusst und in Kombination mit der Terrasse und dem Blick auf die Konrad-Adenauer-Brücke ein grandioses Gesamterlebnis.
Mannheim, Rheinvorlandstr. 7
restaurant-marly.com

Nordsee: den Mund voller Meer
Sie sind ein großer Schluck Nordsee: die Pazifischen Felsenaustern namens Sylter Royal, die in der Blidselbucht im Wattenmeer vor List auf Sylt gezüchtet werden. Seit 1986 ist »Dittmeyers Austern-Compagnie« dort am Werk und führt eine Austern-Tradition fort, die vor Sylt jahrhundertealt ist, um 1920 aber wegen Überfischung zum Erliegen kam. Clemens Dittmeyer, berühmt geworden mit seinem Valensina-Orangensaft, belebte sie mit den nicht heimischen Felsenaustern erfolgreich neu. Inzwischen hat das Unternehmen auch eine Genehmigung, wilde Austern zu sammeln. Die Compagnie beliefert Feinkostabteilungen und Restaurants, am besten schmeckt ihre Delikatesse aber vor Ort, im 2020 eröffneten Restaurant, wo sie in allen Varianten zubereitet wird: gratiniert, als Suppe, in Tempura-Teig. Wer einen Schluck Nordsee nehmen möchte, bestellt sie aber natürlich naturbelassen.
List auf Sylt, Hafenstr. 10-12, sylter-royal.de

Ostsee I: Diner mit Blick zum Horizont
Näher ans Wasser kommt man beim Essen nicht ran: Das Restaurant Wolkenlos steht auf einer 16 mal 36 Meter großen Plattform am Ende eines Stegs, der vom Timmendorfer Strand in die Lübecker Bucht ragt. Vor der Eröffnung 2014 gab es viele Querelen rund um den Bau, der als Teehaus geplant war und auch so aus-

Weltfischbrötchentag
Am 22. Mai 2022 ist es wieder so weit: Dann feiert der Norden seine schlichteste und beliebteste Delikatesse – die sich jeder leisten kann, und mit der man immer einen schönen Platz am Wasser findet: das Fischbrötchen. Spots in Schleswig-Holstein, von Glücksburg bis Lübeck finden Sie unter:
ostsee-schleswig-holstein.de/
weltfischbroetchentag

sieht. Tee bekommen Sie dort schon, aber auch Sundowner wie einen »Wolkenlos Spritz« aus Aperol, Sekt, Cranberrynektar und Orange. Und zum Essen ist für wirklich jeden etwas dabei: Burger, Salate, Matjes, Currys oder Pizza. Das Wasser haben Sie dabei nicht nur durch die Fensterfronten des luftigen Pagoden-Baus im Blick – sondern auch durch Glasplatten, die teils in den Boden eingelassen sind.
Timmendorfer Strand
wolkenlos-timmendorf.de

Ostsee II: schlicht und einfach Fischbrötchen
Flensburg ist eine dieser vielen Städte, die oft unterschätzt werden und damit sehr gut leben können. Umso besser, wenn sich im historischen Hafen, der als größter Europas gilt, die Leute nicht ständig auf die Füße treten – und man für die Matjes- oder Backfischbrötchen bei Ben's Fischhütte nicht ewig anstehen muss. Und wenn doch: Es lohnt sich!
Flensburg, mitten im Museumshafen

1| Schmeckt nach
Nordsee: die »Sylter Royal«
2| Offene Küche: das
»Bootshaus« in Bingen
3| Oktopus mit Datteltoma-
ten und Safrankartoffel:
im Mannheimer »Marly«
4| Genießen auf dem
Wasser: im Timmendorfer
Restaurant »Wolkenlos«

Wild und unentdeckt: Die Peene ist ein Rückzugsort für zahlreiche seltene Tiere – und ein Traum für Paddler, die auf dem Fluss durch hohes Schilf und stille Wälder gleiten können

AM FLUSS DER FAULEN BIBER

Die Peene ist einer der letzten unverbauten
Flüsse in Deutschland. Wer ihrem Lauf
südlich von Usedom mit dem Kanu folgt,
entdeckt wilde Moorlandschaften, zu neuem
Leben erweckte Gutshöfe, Biber und Adler

TEXT **FLORIAN SANKTJOHANSER** FOTOS **NORA BIBEL**

Beute im Blick? Ein Seeadler hebt am Ufer der Peene von einem Baum ab. Nirgendwo sonst in Deutschland brüten mehr dieser majestätischen Greifvögel als hier

A

Ausgestreckt dümpelt der Biber im Fluss, Knopfaugen, schwarze Schnauze, braunes Zottelfell. Entspannt wirkt er in der Abendsonne, doch plötzlich reißt er den Kopf herum, katapultiert seinen Hintern in die Höhe, schlägt mit der Schwanzkelle aufs Wasser und taucht kopfüber ab.

»Vielleicht waren wir zu laut«, meint Kanuguide Frank Götz-Schlingmann. »Jetzt legt er sich erst mal auf den Grund des Flusses, bis wir weg sind.« Macht nichts, ein paar Paddelminuten später fläzt sich der nächste Nager in einer Schneise im Schilf. Und dann noch einer. Und noch einer.

So gehe das hier jeden Abend, sagt Götz-Schlingmann, Spitzname »Peenebiber«, Markenzeichen Kopftuch. Bevor die Sonne untergeht, tauchen sie überall aus ihren Burgen auf, iglugroßen Kuppelbauten aus Ästen und Zweigen. Einst von der Kirche zum Fisch erklärt und für den Fastenschmaus fast ausgerottet, leben nun wieder 800 bis 1000 der Nager an der Peene. »Der Fluss ist ein ideales Biberrevier«, erklärt der Experte. Er sei so tief, dass ihn die Tiere nirgendwo aufstauen müssen. »Man sagt, dass hier die faulsten Biber Europas leben.«

Die niedlichen Nager sind die Publikumslieblinge an der Peene. Und ein Symbol der Hoffnung für die Region in Vorpommern, durch die Urlauber lange nur fuhren, um auf die nahe Insel Usedom zu kommen. Noch ist der Fluss eher unbekannt, selbst im zweieinhalb Autostunden südlich gelegenen Berlin. Aber das ändert sich gerade.

Von Jahr zu Jahr paddeln nun mehr Gäste den »Amazonas des Nordens« hinab, wie ihn Touristiker nennen. Der Vergleich mit dem großen Strom Südamerikas klingt dick aufgetragen, doch für einen norddeutschen Fluss ist die Artenvielfalt tatsächlich enorm. Orchideenfans finden hier das extrem seltene Ostseeknabenkraut, Schmetterlingsjäger den Großen Feuerfalter. Und nirgendwo in Deutschland brüten mehr Seeadler.

Zu verdanken ist das einem der größten Renaturierungsprojekte seit der Wende. Von 1992 bis 2009 wurden mehr als 9500 Hektar trockengelegte Gebiete renaturiert. Entwässerungskanäle wurden zugeschoben oder abgeriegelt, Schöpfwerke abgebaut. Statt artenarmem Saatgras wachsen nun wieder Seggenriede.

Eine zweite Parallele zum Amazonas: Die Peene ist träge. Sehr träge. »Sie fließt nicht, sie steht«, sagt Götz-Schlingmann. Auf den 83 Kilometern vom Kummerower See bis zum Peenestrom hat sie ganze 24 Zentimeter Gefälle. Weht der Wind aus Nordosten, kehrt die Strömung um. Wehre waren immer überflüssig, die Peene ist deshalb einer der letzten unverbauten Flüsse in Mitteleuropa. Und als solcher ein Modell für die Zukunft: Gemäß der EU-Biodiversitätsstrategie sollen die europäischen Flüsse bis 2030 wieder auf 25 000 Kilometern frei fließen.

»Du kannst hier verweilen«, sagt der Peenebiber, der mal Kapitänleutnant bei den Grenztruppen der DDR war. Sich einfach treiben lassen, so sehe man am meisten. Kein Problem auf der ersten Etappe vom Kummerower See nach Trittelwitz, zwei lockere Paddelstunden, wenn man durchzieht. Aber warum sollte man das tun?

Kein Windhauch kräuselt an diesem Abend den Fluss, surreal scharf spiegelt sich das golden leuchtende Schilf im dunklen Wasser, Lichtreflexe tanzen über knorrige Weiden. Ein schriller Pfiff, »ein Eisvogel«, ruft Götz-Schlingmann, und etwas leuchtend Blaues flitzt davon. Egal, fesches Gefieder gibt es jetzt im Minutentakt. Ein Rotmilan mit seinem gegabelten Schwanz segelt übers Schilf, Kormorane starten dicht über dem Wasser durch, eine Flussseeschwalbe stürzt sich in den Fluss, und über den Wipfeln zieht ein Geschwader von Kranichen vorbei.

Für Flugshows wie diese reisen Vogelbeobachter mittlerweile aus Belgien, England oder Japan an. 160 Vogelarten brüten heute an der Peene, darunter gleich drei Arten von Adlern. Und es dauert nicht lange, bis die ersten Kaventsmänner auf uns zusegeln. »Hier sehen wir den Fischadler«, erklärt Götz-Schlingmann, »erkennbar an der hellen Unterseite und am eleganten Flug. Nicht ganz so gewaltig groß wie der Seeadler ... ah, der kommt gerade da vorne rechts geflogen.« Rar macht sich nur der Schreiadler, auch Pommernadler genannt, also eigentlich der Lokalmatador. Zu erkennen wäre er daran, dass er kaum größer als ein Mäusebussard ist – und seiner Beute hinterherrennt. Dafür galoppiert nun ein Wildschwein durch das Schilf. Und ein aufgeschreckter Rehbock

Unterwegs mit dem »Peenebiber«: Der
Spitzname passt perfekt zu Frank Götz-
Schlingmann (unten). Der Kanuguide kennt
sich mit dem Fluss ebenso gut aus wie
mit den vielen Nagetieren, die dort leben

DER TOURISMUS KEIMT ERST AUF. PIONIERE GESTALTEN DIE UFER, PADDLER ENTDECKEN DEN ZAUBER DER LANGSAMKEIT

Noch gibt es an der Peene nur wenige Gaststätten. Umso schöner ist eine Einkehr im »Fährkrug« beim Gutshaus Stolpe, einem über 350 Jahre alten Wirtshaus

Runter- und abschalten: Die Peene
fließt so träge, dass man sich im
Kanu einfach treiben lassen kann –
um dabei viele Tiere zu entdecken

In Ufernähe liegen mehrere
Guts- und Herrenhäuser. Schloss
Neetzow ist heute ein Hotel

sam verschwanden die Kähne, Bootsverleihe öffneten, und 2010 verlieh die Europäische Kommission der Region den EDEN-Preis für nachhaltigen Tourismus. »Das machte Welle«, sagt der Peenebiber. Und dann kam Corona.

Im vergangenen Sommer wurde die Peene überrannt, an manchen Wochenenden glitt eine Flottille von Kajaks und Canadiern den Fluss hinab. Die Rastplätze, Mitte bis Ende der neunziger Jahre mit Blick auf einheimische Paddler errichtet, wurden zu klein. »Ich habe aus den Dörfern schon die ersten Warnungen vor Overtourism gehört«, sagt Götz-Schlingmann schmunzelnd. »Die Leute sind hierhergezogen, um in Ruhe zu angeln.«

Zum Problem wird besonders, dass nun Dutzende Hausboote die Peene auf und ab tuckern. Dazu kommen private Motorboote und bis zu 80 Meter lange Flusskreuzfahrtschiffe. Zum Übernachten legen die Hausboote an den schönsten Stellen an und machen oft mit Leinen an Bäumen fest, weil sie es nicht schaffen zu ankern. Kommt nachts Wind auf, rasieren sie Schneisen in den Schilfgürtel. »Wenn wir im Wohnzimmer des Bibers parken«, sagt Götz-Schlingmann, »dann wandert er aus.«

Der Naturpark würde deshalb gern das freie Ankern einschränken lassen. Andere fordern gar, Verbrennungsmotoren auf der Peene zu verbieten. Doch der Widerstand der Einheimischen ist stark. Und um den Naturpark, der bis zur Peenemündung erweitert werden soll, schwelt ohnehin ein kleiner Kulturkampf.

Das eigene Bötchen gehört hier zum Leben dazu, das ist am nächsten Morgen gut zu sehen. Es ist ein Feiertag, überall werfen Männer ihre Angeln aus, Kinder fischen vom Betonkai aus. Er fange kleine Fischchen, sagt ein Junge, »für Omas Hühner«. Wir paddeln von Trittelwitz Richtung Demmin, dieser Abschnitt gilt als einer der schönsten. Erlen strecken ihre schwarzen Wurzeln ins Wasser, Sumpfdotterblumen tupfen Gelb zwischen die Büschel von Seggengras. Ab Demmin weitet sich dann die Peene. Wer ohne Stopp an den wuchtigen Backsteinspeichern vorbeifährt, verpasst wenig. Die Stadt wirkt leblos und trist. »Hier sind zwei Generationen ausgezogen«, sagt Götz-Schlingmann.

Auch der Gutshof Liepen stand lange leer. 2009 wurde er renoviert und zu einem Hotel umgestaltet. Mittlerweile kommen selbst im Winter Gäste aus Hamburg und Berlin, um im weitläufigen Spa mit Außenpool auszuspannen. Unterhalb wird gerade ein Bohlenweg gebaut. Er ist Teil eines Wanderwegs, der irgendwann entlang des gesamten Südufers der Peene verlaufen soll.

Am Anleger sitzt ein Paar auf seinem Hausboot. Morgens auf dem Wasser aufzuwachen, sei für sie ein Lebenstraum gewesen, sagen die beiden. Barbara Thomsen und Thomas Thielicke heißen sie, und ihr uriges Gefährt nennen sie »Kulturfloß«. Im Sommer dürfen Musiker fünf Tage gratis damit umherschippern, dafür geben sie min-

springt direkt vor dem Kanu ins Wasser, schwimmt durch den Fluss und kraxelt am anderen Ufer die Böschung hinauf. Manchmal, sagt Götz-Schlingmann, streifen sogar Elche aus Polen durch das Tal.

Eine Wildnis aber ist die Peene längst nicht mehr. Gleich hinter dem Schilf grasen Rinder, Hochspannungsmasten und Windräder stören die Illusion ebenso wie jene Schilder, die den jeweiligen Flusskilometer anzeigen. »Das ist ganz klar von Menschenhand geschaffenes Kulturland«, sagt Götz-Schlingmann.

Lange blieb das Tal unbesiedelt, für den Ackerbau taugte das magere Moor nicht. Nur in trockenen Jahren trieben Bauern ihr Vieh über die Feuchtwiesen. Dazu kam, dass die Peene nach dem Dreißigjährigen Krieg die Grenze zwischen Schweden und Preußen war. Und dass die Menschen sich erzählten, es spuke im Moor. Erst nach dem Wiener Kongress 1815 ließ Friedrich der Große Entwässerungskanäle ziehen, Deiche und Schöpfwerke bauen. In der DDR wurden die so entstandenen Polder mit Düngern und Bioziden intensiv bewirtschaftet. Dazu stach man den Torf, der stellenweise bis zu zehn Meter mächtig ist, als Brennstoff.

Nun sind viele der Torfstiche vollgelaufen und die Pfähle der einstigen Anlegestellen verwittert, von denen Zuckerrüben auf Lastkähne verladen und zu den Fabriken geschippert wurden. Noch vor zehn Jahren pflügten sie den Fluss hinunter, der bis heute Bundeswasserstraße ist. Als Götz-Schlingmann vor zwanzig Jahren zum ersten Mal auf der Peene paddelte, waren nur ein paar erfahrene Kajaker mit ihren Faltbooten unterwegs. Doch lang-

»Unser Bullerbü« nennen Antje und Carsten
Enke ihr »Fluss-Café« in Anklam. Sie hoffen
auf mehr Cafés und Restaurants an der
Peene – wobei in der wilden Natur auch ein
Picknick am Ufer zum Erlebnis wird

WEDER AUFGESTAUT NOCH BEGRADIGT: RUHIG FOLGT DER FLUSS DEM NATÜRLICHEN LAUF DER DINGE

Weite Wasserwelt: Bei Aalbude am Krummerower See schlängelt sich die Peene an gefluteten Polderwiesen vorbei

destens drei Konzerte in den Dörfern. Oder sie spielen gleich auf dem Flachdach. Mittlerweile kommen auch die Einheimischen gerne, sagt Thielicke. »Kostet ja nichts.«

Ein zaghafter Aufbruch ist zu spüren auf der Fahrt entlang der Peene. In Stolpe wurde aus einem Gutshaus ein nobles Resort mit Spitzenküche, in den ehemaligen Ställen und Scheunen werden Hochzeiten gefeiert und klassische Konzerte gegeben. Am Ufer renoviert ein Zugezogener gerade ein stattliches Haus mit Reetdach. Und am Hafen werkeln die beiden neuen Pächter, zwei erfahrene Gastronomen aus Berlin, an ihrer neuen Imbissbude.

Auch das nahe Wasserschloss Quilow lohnt den Landgang in Stolpe. Eine Fähre setzt ans andere Peeneufer über, dann sind es noch gut zwei Kilometer zu Fuß bis zu einem der letzten Renaissance-Schlösschen in Vorpommern, Baujahr 1575. Zu DDR-Zeiten war es Kita, Poststelle und Turnhalle, notdürftig saniert stand das Gebäude seit Anfang der neunziger Jahre leer. Bis Uwe Eichler und Dirk Lagalle, Schauspieler und Sonderpädagoge, aus Berlin kamen. Der beiden entwarfen einen Rettungsplan, die EU bezahlte 90 Prozent der gut fünf Millionen Euro. Das Gewölbe im Erdgeschoss ist jetzt ein Ausflugscafé, wo die Menschen aus den Dörfern ringsum sonntags Kuchen essen. Neben den Kamin mit eingemeißelten Girlanden stehen moderne Sofas. Im ersten Stock erklärt eine Ausstellung die Gutswirtschaft, unterm Dach ist viel Platz für Lesungen, Kurse oder Seminare. »Wir wollen ein Ort der Begegnung sein«, erklärt Eichler, »ein offenes Haus für Urlauber wie Einheimische, für Kunst wie Kommerz.«

Am letzten Tag betört die Peene zum Abschied nochmal mit all ihrer Anmut. Das Wasser glitzert zwischen Schilfgürteln, ein Kiebitz fliegt wilde Schleifen, Möwen wirbeln vor finsteren Wolkentürmen durcheinander wie blinkende Schneeflocken. Überall lauern Seeadler in den Bäumen, in einer Krone sitzen gleich zwei. Mit mächtigem Flügelschlag heben sie ab, schrauben sich empor und kreisen mit ausgebreiteten Schwingen direkt über uns.

Der Zieleinlauf in Anklam dagegen ist mäßig pittoresk. Im Industriehafen türmt sich Metallschrott neben alten Speichern. Bald aber soll der Schrott einer Uferpromenade mit Cafés und Restaurants weichen. Es wäre die Erlösung für Antje und Carsten Enke, die direkt gegenüber ihr »Fluss-Café« betreiben, mit ochsenblutroten Holzfassaden und weißen Sprossenfenstern. »Unser Bullerbü«, sagen sie. Sie ist Journalistin, er Bootsbauer, die beiden waren die ersten, die hier Kanus verliehen. Nun haben sie eine Flotte von 50 Booten, dazu sechs Hausboote, die Carsten Enke in der Werft nebenan selbst gebaut hat. Was noch fehlt? »Die touristische Tradition«, sagt Antje Enke, bisher gebe es kaum Hotels, Pensionen und Restaurants. Und, ganz einfach: das Bewusstsein dafür, wie außergewöhnlich schön die Peene ist.

Florian Sanktjohanser lebt am bayerischen Ammersee und bereist als Reporter bevorzugt abgelegene, wenig bekannte Gebiete. Die Peene mit ihren Adlern erinnerte ihn an einen Segeltörn durch die Wildnis in British Columbia.

PADDELN IM NATURPARK PEENETAL

Wer mit dem Kanu den gesamten Flusslauf vom Kummerower See bis zur Ostsee befahren möchte, sollte mindestens fünf Tage einplanen. Die Teilstrecken lassen sich aber auch tageweise gut befahren. Praktischer Begleiter ist das Buch »Kanu Kompakt Peene 2020« (Thomas Kettler Verlag). Wer sein Zelt einpackt, kann an zwölf »Wasserwanderrastplätzen« campieren. Sie liegen bequem am Ufer, sind günstig und idyllisch, allerdings an Stoßzeiten wie Himmelfahrt und Sommerwochenenden oft auch trubelig und voll. Im **Informationszentrum des Naturparks in Stolpe** kann man sich gut auf eine Tour einstimmen, mit Infotafeln, einem Film und einem interaktiven Kartentisch. Die Mitarbeiter informieren auch die Etappen und Unterkünfte.
Stolpe, Peeneblick 1, Tel. 039721 569290
naturpark-flusslandschaft-peenetal.de
Basisinfos bietet die Webseite: flussinfo.net

Boote, Touren und Guides

Kajaks und Canadier verleihen die Veranstalter **Abenteuer Flusslandschaft** in Anklam – der Betrieb von Antje und Carsten Enke – und **Abenteuer Peenetal** in Verchen. Beide bieten auch Touren mit dem Elektroboot an und, weil die Biber vor allem in der Dämmerung gut zu sehen sind, die beliebten abendlichen »Bibersafaris«. Kanuguide Frank Götz-Schlingmann lässt sich über das »Nature Guide Network« kontaktieren (nature-guide-network.eu).
Anklam: Werftstr. 6, Tel. 03971 242839
abenteuer-flusslandschaft.de
Verchen: Seestr. 7, Tel. 039994 749937
abenteuer-peenetal.com

Über Nacht

Eine hübsche Alternative zu den Campingplätzen am Wasser bietet die **Villa Eden** in Gützkow. Vor dem Fachwerkhof von 1901 zelten Gäste unter knorrigen Apfelbäumen. Nach einem Paddeltag steigt man ins Saunafass oder in den Badezuber, grillt überm Lagerfeuer oder setzt sich an die Freiluftbar. Der **Landhof Trittelwitz** hat vier Zimmer, fünf Ferienwohnungen im früheren Stall – und viel Flair. Das liegt vor allem an Besitzerin Gabriele Luckner, die den leer stehenden Hof Mitte der neunziger Jahre kaufte und renovierte. Zum Regenerieren von Armen und Schultern legt man sich am besten ins Solebecken oder in eine der Saunen im **Gutshof Liepen**, einem Hotel, zu dem ein gutes Restaurant gehört. Auch sehr schön ist das **Gutshaus Stolpe** mit seinen eleganten Zimmern. Dort gibt es abends ein Gourmetmenü mit bis zu acht Gängen oder im »Fährkrug« auch deftige Wirtshausküche.
Villa Eden: Gützkow, Fährdamm 3
Tel. 0173 4813136, villa-eden-peene.com
Landhof Trittelwitz: Schönfeld, Trittelwitz 12
Tel. 039994 798839, landhof-trittelwitz.de
Gutshof Liepen: Neetzow-Liepen, Dorfstr. 31
Tel. 03972 56758, gutshof-liepen.de
Gutshaus Stolpe: Stolpe, Peenestr. 33
Tel. 039721 5500, gutshaus-stolpe.de

#Lieblingsplatz

Deutschlands märchenhafte Mitte

www.grimmheimat.de

Schlag auf Schlag durch Städte und Grün

Dem Wasser so nah: Wer im Kajak oder Kanu sitzt, wird eins mit dem Element. Und sieht die Ufer, die vorbeiziehen, mit ganz neuen Augen

Im Nordwesten: die Schlei

Ob sie nun ein Fjord ist oder ein Meeresarm, da streiten die Experten, für ihre Besucher ist das zweit- bis drittrangig. Sehr hübsch und ein ideales Paddelgebiet ist sie, die Schlei, die sich rund 40 Kilometer von Schleswig bis Schleimünde zieht. Manche Stellen sind ganz schmal und ruhig, dann weitet sie sich wieder und hat auch mal richtig Wellengang. Wer sie auf der ganzen Länge abpaddelt, sollte zwei Tage einplanen. Ein idealer Zwischenstopp dafür ist etwa der Campingplatz Lindaunis. Wer sich erstmal warmpaddeln möchte: Dafür ist die Loiter-Füsinger Au, ein Flüsschen, das nahe Schleswig in die Schlei mündet, sehr schön.
ostseefjordschlei.de/urlaubswelten/
aktiv-zu-wasser/kanufahren
schlei-erleben.de/kanuverleih

Sportparadies Schwäbische Alb: Beim Paddeln auf der Großen Lauter kommt man am »Spitzen Stein« vorbei, einem beliebten Kletterfelsen

Im Südwesten: die Große Lauter

Jedes Jahr wählt die Hans-Sielmann-Stiftung ein Naturwunder in Deutschland, 2019 war das die Große Lauter auf der Schwäbischen Alb. 42 Kilometer schlängelt sie sich durch ein mit vielen Burgen gekröntes Biosphärengebiet. Zum Kajak- oder Kanufahren ist sie ideal – allerdings zum Schutz der Natur nur in Abschnitten freigegeben und nur zu bestimmten Zeiten.
kanutouren.com/lauter

Im Osten: der Spreewald

Auch wer schon oft in diesem Klassiker unter den Kanu-Revieren unterwegs war, wird dort immer wieder Neues entdecken. Die Wasserwege sind weit verzweigt im 475 Quadratkilometer großen Biosphärenreservat. Ideal für Spreewald-Einsteiger: die Zwei-Tage-Tour von Burg nach Lübbenau und über das Fischerdorf Leipe zurück.
spreewald-info.de/paddeln/kanutouren/burg

Rund um Braunschweig

Ein Ring aus Wasser umschließt das Zentrum der Löwenstadt: die Oker-Umflut, einst entstanden als Teil der Stadtfestigung. Heute kann man auf diesem Wasserring in gut 2,5 Stunden entspannt durch die Stadt paddeln – vorbei am Theaterpark, dem Botanischen Garten und der Volkswagen-Halle.
okertour.de

Nachts durch Leipzig

Dass Leipzig ein bewegtes Nachtleben hat, dürfte sich herumgesprochen haben, dass es auch auf dem Wasser stattfindet, eher weniger. Vom Stadthafen aus geht es mit Fackeln auf Canadiern durch Schleußig und Plagwitz – wo man die Szeneviertel ganz stimmungsvoll und ruhig erlebt.
stadthafen-leipzig.com

In Rostocks Element

Durch den Stadthafen und das historische Petriviertel paddeln, jeder in seinem Tempo, zwischendurch gemeinsam Pause machen und viel zur Geschichte der Stadt erfahren: »Stadtpaddeln Rostock« bietet ganz neue Perspektiven auf die Hansestadt.
stadtpaddeln-rostock.de

Zeit für Begegnungen.

Wo Rhein und Mosel zusammenfließen: Deutsches Eck in Koblenz.

Jetzt Deinen Urlaub in Rheinland-Pfalz buchen!

Deine Goldene Zeit in Rheinland-Pfalz beginnt hier: www.rlp-tourismus.de

Rheinland-Pfalz.Gold

Endlich reingefallen

Erst erschien das SUP-Board unserem Kolumnisten **Till Raether** ein unmögliches Gerät, dann wurde für ihn auf diesem Brett alles möglich – und er zum Philosophen, der auf dem Wasser steht

ILLUSTRATION **P. M. HOFFMANN**

Vor zwölf Jahren machten meine Frau und ich einen schönen Spaziergang, um uns die damals ganz neue Hamburger Hafencity anzuschauen. Diesen Stadtteil hatte die Stadt der Elbe, dem Hafen und der hanseatischen Abneigung gegen Visionen abgerungen. Die Elbphilharmonie, die heute dort steht, war bestenfalls eine Baustelle, aber die Brücken über die Fleete und Elb-Seitenarme waren fertig, und von einer dieser Brücken bot sich uns ein seltsamer Anblick. Erwachsene Menschen standen auf Surfbrettern und versuchten anscheinend, mit Kanupaddeln voranzukommen, aber immer nur kurze Zeit, denn die meisten fielen ständig ins Hafencity-Wasser. Banner und Lautsprecher wiesen uns daraufhin, dass es sich um den ersten »SUP World Cup« handele, gesponsert von einer norddeutschen Brauerei. Wir hatten keine Ahnung, was es damit auf sich hatte, blieben aber hängen, weil es zu den Urbedürfnissen des Menschen gehört, andere ins Wasser fallen zu sehen, die nicht ins Wasser fallen wollen – sofern ihnen dabei nichts Schlimmeres passieren kann, als ins Wasser gefallen zu sein. Es war, wie ich später in der Presse nachlas, »ein riesiges

Spektakel, das dem SUP mehr Professionalität in der Zukunft bringen wird«, so damals jedenfalls die Erwartung eines Teilnehmers. SUP steht für Stand-up-Paddling. Diese Sportart, die ich damals nicht als eine bezeichnet hätte, sah zwar aus wie ein Spektakel, aber eher wie ein unfreiwilliges. Sie schien mir so unplausibel, wie Skateboard-Meisterschaften auf Möbelrollbrettern oder Segelregatten mit Spannbettlaken auszutragen. Es gab doch fürs Fortbewegen auf dem Wasser bereits sehr gute Lösungen: Wer Bretter mochte, konnte auf verschiedene Weise surfen, wer Paddel mochte, stieg in Kanu oder Kajak. Warum SUP?

Zwölf Jahre später besitze ich nicht ein SUP, sondern zwei. Dies liegt daran, dass ein Miet-SUP pro Stunde zwölf bis fünfzehn Euro kostet, ein eigenes SUP hat sich also nach einer Saison absolut amortisiert. Und bei zwei eigenen SUPs spart man doppelt. Und teilt das schönste und seltsamste Erlebnis, dass man auf dem Wasser haben kann: dort zu stehen, wo alles dagegenspricht, dass man steht. Selbst Jesus ist ja übers Wasser nur gegangen. Auf dem SUP aber steht man darauf und bewegt sich dabei auf die denkbar spektakulärste Weise vorwärts: ruhig, eher langsam, und mit dem ständigen Risiko,

An dieser Stelle schreiben unsere Kolumnisten in unregelmäßiger Folge über die Welt und wie sie ihnen begegnet. Diesmal der Hamburger Schriftsteller Till Raether, in dessen nächstem Kriminalroman ein SUP-Board eine wichtige Rolle spielt.

vielleicht doch noch reinzufallen. Beine breit, Rücken gerade, Blick zum Horizont.

Meine eigene SUP-Leidenschaft begann aus Langeweile. Wir waren zwei Wochen an der Ostsee in einem Strandkorb, das finde ich theoretisch sehr schön, aber ich hatte vergessen, dass man dann nach etwa einer Woche denkt: So, was könnte denn jetzt noch zusätzlich passieren? Mein Blick fiel auf die Surfschule, die auch SUP-Boards vermietete. Ich kicherte. Man muss sich im Urlaub auch mal lächerlich machen, zumal vor den Kindern, finde ich. Also mieteten wir vier Bretter, ließen uns einweisen, und fünf Minuten später glitt ich in eine neue Zukunft.

Ich möchte nicht angeben, aber ich habe, womöglich wegen meines niedrigen Körperschwerpunkts, ein gewisses Talent für das SUP-Brett. Also dafür, nicht ständig ins Wasser zu fallen. Im Gegenteil, sobald ich die Wellen von vorne habe und zwei, drei Züge mit dem Paddel gemacht habe, spüre ich eine Sicherheit und Gelassenheit, wie sie mir zu Lande oft fehlt. Ich würde sogar fast sagen, ich fühle mich würdevoll. Sofern mir dies in Neopren und mit buntem Brillenband möglich ist. Ich fühle mich heiter. Denn sobald ich meine Sicherheit auf dem SUP gefunden habe, muss ich lachen: Wow, etwas, das auf den ersten Blick so unsinnig aussieht und das sich beim ersten Hinstellen noch so fremd anfühlt, kann so schnell so gut gelingen. Was ist dann womöglich noch alles möglich? Auf meinem Brett werde ich zum Freizeitphilosophen.

Als solcher wird mir klar: Stand-up-Paddling ist für mich eine utopische Handlung. Sie führt mich zu einem Ort, der nur existiert, solange ich auf diesem Brett auf dem Wasser stehe. Vor zwei Jahren bin ich stehend gepaddelt im Pazifik vorm Strand von Poipu, auf der Hawaii-Insel Kauai. Die Welt ist dort ehrlich gesagt doch viel prachtvoller und lieblicher als an der Ostsee, in den Alsterarmen oder auf dem Plöner See, und ich habe noch heute kleine Narben am linken Fuß von exotischen Korallen. Aber es ist nicht so wichtig, wo ich im Stehen paddele, denn die wirklich interessanten Dinge spielen sich auf der kleinen Fläche ab, die meine Füße auf dem Brett einnehmen. Es ist, als könnte ich erst so richtig im Leben stehen, wenn ich ein Stück weg davon bin, auf dem Wasser.

Sogar Yoga habe ich schon auf dem SUP gemacht, einen Vormittag lang, meine Frau hatte sich das zum Geburtstag gewünscht. Yoga findet in meinem Leben sonst nicht statt, aber auf dem Brett scheint mir alles denkbar. Weil es an sich unmöglich scheint, sich auf einem Brett ins Wasser zu stellen, wird darauf plötzlich alles möglich.

Übrigens ist der Moment, wenn man reinfällt, auch sehr schön. Entweder, weil es erfrischend ist. Oder, weil die Spannung, ob man reinfällt, dann endlich nachlässt. Und vor allem, weil die, die einem dabei zuschauen, in Wahrheit natürlich nur auf diesen Moment gewartet haben. So wie wir damals auf der Brücke. Darum gönne ich das Reinfallen allen aus vollem Herzen.

IMPRESSUM

MERIAN

ERSCHEINT IM

JAHRES ZEITEN VERLAG

EIN UNTERNEHMEN DER GANSKE VERLAGSGRUPPE

Chefredakteur	Hansjörg Falz
Stellvertretende Chefredakteurin	Kathrin Sander
Art Direction	Isa Johannsen
Chefin vom Dienst	Jasmin Wolf
Redaktion	Tinka Dippel, Kalle Harberg, Jonas Morgenthaler, Stefanie Plarre, Inka Schmeling; Ricarda Müterthies (Praktikantin)
Bildredaktion	Violetta Bismor, Tanja Foley, Katharina Oesten (Leitung)
Layout	Inke Cron, Lena Glauche (stellv. AD), Tanja Schmidt
Redaktionsmanagement	Bodo Drazba (Ltg.)
www.merian.de	Jasmin Deiter
Assistenz der Chefredaktion	Lina Malin Lilischkies
Konzeption dieser Ausgabe	Tinka Dippel (Text), Violetta Bismor (Bild)
Autoren	Antonia Baum, Kristine Bilkau, Dennis Gastmann, Finn-Ole Heinrich, Thomas Pletzinger, Till Raether, Saša Stanišić, Ilija Trojanow, Hans Zippert
Verantwortlich für den red. Inhalt	Hansjörg Falz
Geschäftsführung	Thomas Ganske, Sebastian Ganske, Heiko Gregor (CEO), Peter Rensmann
Brand Owner/Verlagsleitung	Oliver Voß
Head of Editorial Operations	Bartosz Plaksa
Gesamtvertriebsleitung	Jörg-Michael Westerkamp (Zeitschriftenhandel), Thomas Voigtländer (Buchhandel)
Abovertriebsleitung	Christa Balcke
Leitung Leserreisen	Oliver Voß
Head of Sales	Helma Spieker (verantwortlich für Anzeigen), Tel. 040 2717-0
Senior Brand Manager	Henning Meyer, Tel. 040 2717-2496
Anzeigenstruktur	Corinna Plambeck-Rose, Tel. 040 2717-2237
Marketing Consultant	Alexander Grzegorzewski
Ihre Ansprechpartner vor Ort:	
Region Nord	Jörg Slama, Tel. +49 40 22859 2992, joerg.slama@jalag.de
Region West / Mitte	Michael Thiemann, Tel. +49 40 22859 2996, michael.thiemann@jalag.de
Region Südwest	Marco Janssen, Tel. +49 40 22859 2997, marco.janssen@jalag.de
Region Süd	Andrea Tappert, Tel. +49 40 22859 2998, andrea.tappert@jalag.de
Repräsentanzen Ausland:	
Belgien/Niederlande/Luxemburg	Mediawire International, Tel. +31 651 48 01 08, info@mediawire.nl
Frankreich/Monaco	Media Embassy International, Tel. +33 (0)6 03 92 09 15, info@media-embassy.fr
Großbritannien/Irland	Mercury Publicity Ltd., Tel. +44 7798 665 395, stefanie@mercury-publicity.com
Italien	Media & Service Inter national Srl, Tel. +39 02 48 00 61 93, info@it-mediaservice.com
Österreich	Michael Thiemann, Tel. +49 40 228 59 2996, michael.thiemann@jalag.de
Schweiz/Liechtenstein	Goldbach Publishing AG, Tel. +41 (0) 76 468 83 13, eva.favre@goldbach.com
Skandinavien	International Media Sales, Tel. +47 55 92 51 92, fgisdahl@mediasales.no
Spanien/Portugal	K. Media, Tel. +34 91 702 34 84, info@kmedianet.es

Die Premium Magazin Gruppe im Jahreszeiten Verlag
Gültige Anzeigenpreisliste: Nr. 10
Heft 08/2021 – Deutschland neu entdecken: Am Wasser. Erstverkaufstag dieser Ausgabe ist der 15.07.2021
MERIAN erscheint monatlich im Jahreszeiten Verlag GmbH, Harvestehuder Weg 42, 20149 Hamburg, Tel. 040 2717-0
Redaktion Tel. 040 2717-2600, E-Mail: redaktion@merian.de **Internet** www.merian.de
Abonnementvertrieb und Abonnentenbetreuung DPV Deutscher Pressevertrieb GmbH, Tel. 040 2103-1371, Fax -1372,
www.dpv.de, E-Mail: leserservice-jalag@dpv.de
Vertrieb DPV Vertriebsservice GmbH, www.dpv-vertriebsservice.de
Litho K+R Medien GmbH, Darmstadt
Druck und Verarbeitung Walstead Kraków Sp. z o.o., Obrońców Modlina 11, 30-733 Krakau, Polen

Das vorliegende Heft August 2021 ist die 8. Nummer des 74. Jahrgangs. Diese Zeitschrift und die einzelnen Beiträge und
Abbildungen sind urheberrechtlich geschützt. Jede Verwertung außerhalb der engen Grenzen des Urheberrechtsgesetzes bedarf
der Zustimmung des Verlages. Keine Haftung für unverlangt eingesandte Manuskripte und Fotos.
Jahresabonnementspreis im Inland 99 €, für Studenten 49,50 € (inklusive Zustellung frei Haus). Der Bezugspreis enthält
7 % Mehrwertsteuer. Auslandspreise auf Nachfrage. Postgirokonto Hamburg 132 58 42 01 (BLZ 200 100 20) Commerzbank AG,
Hamburg, Konto-Nr. 611657800 (BLZ 200 400 00). Führen in Lesemappen nur mit Genehmigung des Verlages. Printed in Germany
ISBN 978-3-8342-3305-9, ISSN 0026-0029, MERIAN (USPS No. 011-458) is published monthly by JAHRESZEITEN VERLAG GMBH.

Weitere Titel der JAHRESZEITEN VERLAG GmbH: A&W ARCHITEKTUR & WOHNEN,
CLEVER LEBEN, COUNTRY, DER FEINSCHMECKER, FOODIE, HOLIDAY, LAFER, MERIAN SCOUT, POLETTO,
PRINZ, ROBB REPORT, SCHÖNER REISEN, WEIN GOURMET

Bildnachweis

Anordnung im Layout:
o = oben, u = unten,
r = rechts, l = links, m = Mitte

Titel: Getty Images/iStockphoto; S.3o Volker Renner; S.4o Marcus Retkowietz - stock.adobe.com, u Philipp Herfort/TMGS, S.5l Nora Bibel, r Maria Schiffer/Der Feinschmecker; S.6lo, ro N. Bibel, lu Privat, ru Pia Volk; S.8 Dr. Wolfgang Strickling/CC-BY-SA-4.0/ https://creativecommons.org/licenses/by-sa/4.0/deed.en/ https://commons.wikimedia.org/wiki/File:Kreidesee_Flieger_2020-10-19_Hemmoor-7902.jpg, S.9ro SonneMondSterne 2018, rm Mike Hofstetter/Der Feinschmecker; S.10ro P. Foelting/Münsterland e.V., S.12lo Georg Knoll, lm, mo, rm Alamy Stock Photo, m N. Kriwy, ru Lukas Spörl/Museum Kunst der Westküste; S.13lo Tim Langlotz, lu Visit Stockholm, ro Isabela Pacini, ru Natalie Kriwy, 14-15 Henry Eicken, 15u Jean-Baptiste Höppner; S.16/17 riebevonsehl - stock.adobe.com, S.18/19 Peter Hirth, S.20, 21 L. Spörl, S.22/23 Felix Gänsicke/TMV, S.24 lichtenbergerm - stock.adobe.com, S.25 Dominik Ketz, S.26/27 Florian Werner, S.28/29 dudlajvov - stock.adobe.com; S.30 Pieter-Pan Rupprecht/Der Feinschmecker, S.31o Christina Körte, u Walter Schmitz, S.32o Gregor Lengler, u L. Spörl, S.34 Timm Allrich/TMV; S.36-38 Hansjörg Ransmayr, S.39 Anna Mutter, S.40 Günter Seggebäing, CC BY-SA 3.0/ https://creativecommons.org/licenses/by-sa/3.0/deed.en/ https://commons.wikime-dia.org/wiki/File:20170820_Seeleinsee,_Ha-gengebirge_(00703).jpg; S.42/43 ELG Eco Lodges GmbH, S.44 ostsee-schleswig-holstein.de/Oliver Franke, S.45o, m martin.haag@hafencitystudios.de, u Franz Weiser, S.46 Alexander Rauch, S.47 A. Mutter, S.50 Lotsenturm GmbH/A. Hartmann, S.51o, m Torsten Sorger. S.56 Jochen Tack/Alamy Stock Photo, S.57 Stefan Körte - office@stefankorte.com, S.58 Daniel Fröhlich - stock.adobe.com, S.59 Marc Bielefeld; S.60 Urban Ruths, S.61o Hari Pulko/Lindau Tourismus, 61u, 62 Frank Heuer, S.63o, ru Jens Schönegge, lu Hari Pulko/Lindau Tourismus; S.64 Privat, S.65 Ladislav Zemanek - stock.adobe.com, S.66 Getty Images/iStockphoto, S.67 G. Knoll; S.68/69, 78l Alamy Stock Photo, S.69, 72, 74(2), 75, 78r, 81(2) Peter Jacques, S.70 Rupert Oberhauser/Alamy Stock Photo, S.71, 76 Jochen Tack/Alamy Stock Photo, S.72/73 Hans Blossey/imago images; S.82 Privat, S.83 Erik Hart - hartdirection.de/ TMV, S.84 Iurii - stock.adobe.com, S.85o L. Spörl, lu arguseye.de, ru Erik Hart - hartdirection.de/ Tourismuszentrale Stralsund; S.86 Ch. Körte, S.87 Privat, S.88 Boggy - stock.adobe.com, S.89 N. Kriwy; S.90/91, 93ru, 94o Philipp Herfort/TMGS, S.92/93 G. Knoll, S.93lu W. Schmitz, S.94u Katja Fouad-Vollmer/TMGS, S.96/97, 99u I. Pacini, S.98/99 L. Spörl, S.100 Horst Gerlach/Getty Images/iStockphoto, S.101 Simon Koy, S.103lo Kocher-Jagst-Radweg/Frumolt, ro Dagmar Schwelle/Hildesheim Marketing GmbH, ru D. Ketz; S.104-106 N. Bibel, S.107 Markus Kirchgessner/TMV, S.108 Vivi D'Angelo/Der Feinschmecker, S.111lo Petra Becker/Der Feinschmecker, lu M. Schiffer/Der Feinschmecker, ro I. Pacini; S.112-121 N. Bibel, S.122 Monica Gumm, S.124 Dominic Lars; S.126-127 Illustration: P. M. Hoffmann; S.130 lo Emmanuel Berthier, lu, ro, ru Markus Bassler

Foto-Syndication
Stockfood GmbH
Tumblingerstraße 32, 80337 München
Tel. 089 747202-90
E-Mail: willkommen@seasons.agency
www.seasons.agency

Redaktionsschluss
15. Juni 2021

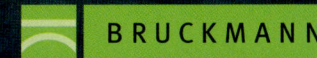

Spektakulär: Schon Claude Monet faszinierten die Steilküsten von Belle Île

Garantiert frisch: Cancale ist bekannt für die Austern, die hier gezüchtet werden

Maritim: Spitzenkoch Hugo Roellinger bereitet gerne Gerichte mit Algen zu

Charmant und vielbesucht: Die alte Hafenstadt Saint-Malo bietet viel Flair

Bretagne

KUNST Wo große Meister wie Paul Gauguin Inspiration fanden
SAVOIR-VIVRE Butter, Austern, Crêpes: Besuch bei Top-Produzenten
MYSTIK Von Feen und Sirenen: die weite Welt lokaler Legenden
RENNES Die bretonische Hauptstadt überrascht mit ihrer Vielfalt

Haben Sie eine MERIAN-Ausgabe verpasst?
Bestellservice: Tel. (040) 2717-1110
E-Mail: sonderversand@jalag.de
oder online bestellen unter
www.merian.de
oder www.einzelheftbestellung.de

Abo bestellen:
Tel. (040) 21031371
E-Mail: leserservice-jalag@dpv.de
oder online unter
shop.jalag.de

Zuletzt erschienen:

März 2021

April 2021

Mai 2021

Juni 2021

Juli 2021

In Vorbereitung:
Wiesbaden und der Rheingau
Deutschland neu entdecken: City-Trips
Deutschland neu entdecken: Die absoluten Highlights